JN120585

子どもと「いっしょに生きていく」

発達障害と特別支援教育をめぐって

井上信子 編著

金子書房

推薦の辞

　障害児の苦しみを、可能性の兆、と見なす者の人生には、豊かな未来がある。

　苦しんでいる「いのち」は、みな、己の無意識が可能性を察知している領域、でもがいている。その察知に導かれて援助を工夫するとき、あらかじめ、その「いのち」が行っている、個性的「もがき」、に添う工夫となる。
　したがって、個々それぞれの「もがき」への寄り添いは、援助者の「心身と魂」への糧となる。「診断」が「あら捜し」と「諦めへの強要」であるなら、自他にとって、「安らかな廃墟」への志向である。

　　　　　　　　　　　　　　　　　　　　　　　神田橋條治

まえがき

　この本は、全力で発達障害領域や発達心理学の礎を築いてきた著者たちの、論考と手記から成っている。

　いつか見たある母親のSNS
　「よくするため、話すため、みんなに追いつくためと、療育や習い事に親子で通い続けた。この子の３歳の、５歳の、かわいいはずの記憶がない。ありのままを愛して、ありのままの３歳のこの子をいつくしめばよかった」（大意）

　いつか聞いたある母親の声
　「発達障害というのは、人生なんですよね。当事者ではない人たちがたくさんの立場や見方で関わってゆく。親でも本人にはなれない。わたしではないあなたを、あなたは生きていて、それをどう考えてかかわるか、あなたは問うてくる。わたしにとっては、あなたはいつも何かを問いかけてくる存在です」

　いつか読んだある母親の手記
　「発達障害の研究や臨床をして、それで職や地位を得た方を私たちは沢山見ました。でも、発達障害がとても個別な問題であることが、その方たちには伝わりませんでした。発達障害は個別の問題。そこに気づいて介入できると、子どもであれ、成人であれ、孵化は訪れるのだなぁ、と感じました」

　母親の後悔と慟哭に心震わせた著者たちは、自らの立場から当事者の「問い」に耳を澄まし、「あのかかわりでよかったのか」と自省しつづけ、一人ひとりに心を尽くしつつ、鳥の目と蟻の目の両眼で推移を観察し、「よりよい未来」を求めて働いてきました。

　「共生社会」、すなわち、人格と個性を尊重し合い、障害の有無を問わず、多様なあり方を相互に認め合い、さらに全員参加型の社会構築に向けて、

発達障害者支援法が制定（2005）され、合理的配慮が義務化（2016）された。教育分野では、インクルーシブ教育システムの実現に向けて、特別支援教育が推進された。具体的な方策として、GIGAスクール構想の前に策定された「教育のICT化に向けた環境整備5か年計画（2018〜2022）」が進み、学習用端末の普及率が2021年に全国公立小中学校の約96％に達した。さらに、大学でも徐々に障害学生支援センターが創設され、いま、小中高大すべての校種を貫いて、全教師に、発達障害の児童・生徒の発達特性を踏まえた学級経営、授業づくり、校内支援体制など教師の専門性の向上が求められている。

　以下、本書を構成する先駆者たちの著述を紹介する。
　序章の藤永 保氏（お茶の水女子大学名誉教授）は、日本を代表する発達心理学者である。氏は、「developmental disorder の概念は、米国から日本に輸入され、日本社会で多様な意味をもつ『発達』の言葉を用いて『発達障害』と訳されたために、英語2語に元来、含意されている『遺伝』など根深い病因論への洞察が妨げられている」と指摘する。他方、氏の自閉症児に関する事例研究は、「人間発達の持つ可塑性や弾力性」が環境調整により「宿命論から逃れる大道」を示唆しており、「事の重大さを認識した」上での「発達障害」という用語の再検討の必要性を論じている。研究者への箴言と期待を込めた論考でもある。
　第1章において増本利信氏（公立小学校教諭）は、通常学級でできる支援、環境整備と工夫、学習内容の調整と教授法、用具の工夫、連携など、多岐にわたり汎用性の高い内容を、「発達障害支援」ではなく、ユニバーサルデザインとして「発達支援」の文脈において提案している。
　第2章において、山田 充氏（通級指導教室「ことばの教室」担当首席教諭）は、学校に「ことばの教室」を設置する実績を残し、一貫して、通常学級ではできない、個に即した問題、すなわち、心理検査のアセスメントという客観的指標と検査時の様子を観察する主観的指標の両面からの理解と支援、また、教育相談、愛着関係や対人関係の形成にまで配慮が届く、

通級学級ならではのサポートの大切さを論じている。

第3章において、後野文雄氏（公立中学校校長）は、学校長としての、示唆に富む学校運営の考え方、教職員の組織づくりについて論じている。さらに、生徒や保護者の心の琴線に触れるアイディアを次々に生み出し、難問を一つひとつ解決してきた過程を記述することによって、真のリーダーシップに必要なものは何か、も言外に伝えている。

第4章において、伊井久恵様（保護者）は、子息の大学入試にあたり「大学入試センター試験配慮」の扉を開いた、全国一例目の先駆者であり、その気迫に満ち、社会を変えた生きざまを、子息の在籍した小中高等学校長、それぞれの担任教諭、サポートした専門家たちの、実現に向けた親身の尽力の記録とともに報告している。子を思う建設的な親心が、読む者の心に染みる手記である。

第5章において、井上信子（臨床心理学、大学教員）は、自分の発達障碍らしき「発達特性」に苦悩していた大学院生を、「授業」において、「知能」の得意分野を高めて苦悩の課題解決に用い、その「発達特性」をも宝に変えて社会参加に誘い、すべてを活かして「自己実現」に導いた。その全過程を描写し、そこにおける教育方法および工夫を明らかにしている。

終章の杉山登志郎氏（医師、大学教員）は、日本を代表する児童精神科医であり、かつ、学校教育を知る稀有な存在である。氏は、まず発達障害の診断の有力素因である遺伝子（ゲノム）変異が他の精神疾患や正常とも連続していることから、ここ10年の間に診断が大きく変わるという重要な先見を示唆している。さらに発達障害は、①氏の造語である発達凸凹、②自閉症、③発達性トラウマ症（背後に虐待がある）から成るとし、各々の異なる治療法について事例を引いて詳述し、その治療過程での教育現場における対応の悲惨さに苦言を呈しつつも、特別支援教育が通常教育をリードすることに期待をかけている。最先端、かつ本質的な臨床研究である。

※（　）内のご所属・お肩書きは、ご執筆当時

最近目にした母親たちのSNS（要約）
「週1回の通級では全くフォローできない」
「普通級の先生はWISCの使い方も、ポイントもデイサービスも知らない」
「担任の支援計画は支離滅裂」
「私もWISCを受けたい。子どもに共感することが多い」
「夫はADHD傾向だけど凸凹が少ないと思う」
「夏に、WISC™-Vの換算ソフトが発売される」

　発達障害のグレーゾーンが増えているという。絶対数が増えようが、発達障害は個別の問題である。個別の内容を知る手がかりにウェクスラー知能検査（WISC）が有効であることは流布している。保護者たちは日常的にSNSに発信して情報を求め、つながり、盛んに交流し、WISCに無知な教師批判は普通かつ頻繁に発信されている。

　さらに、WISCの数値の解釈、実際的指導への活かし方は、高度な専門的知識を要するが、保護者は、セミナーへの参加も含めて、簡単にその知識を入手している。上のWISC™-Vの換算ソフトでその知識はさらに広がり、自分たちなりの解釈を得て、また広げるという循環が繰り返されるであろう。

　「タブレット端末を渡しても舐める子どももいる」と聞いた。これは、タブレット端末をただ渡しただけではだめだという意味の苦言であるかもしれない。しかし、現実問題として、視覚入力処理が苦手なため、キーボード入力速度が遅く、授業で困難を抱えている子どもはクラスにいる。なぜ使いこなせないか、どうしたらよりよくタブレット端末を用いて学べるかを、隣にいて、いっしょに考える教師が必要である。しかし、ここへきて、深刻な壁が立ちはだかっている。「教師不足である」。

　しばらく目を凝らしてSNSを見ていた筆者には、発達障害のグレーゾーンが増えつづける深刻な事態の中で、保護者たちが、本質的かつ高度な情報を求めて、玉石混淆の情報の大海を「不安」という名の小舟に乗って漂っているように感じた。

つぎの瞬間、ある物語が連想された。

「青い海に、美しい島がありました。島民はみな裸足で生活していました。それを知った靴商人たちが島を訪ね、ある靴商人は『裸足の生活だから靴は売れないな』と帰っていきました。別の靴商人は『全員に売れるぞ!』と早速、標準型の靴を作って商売して儲けました。ある靴職人は、『靴はみなさんの役に立つだろうか、裸足の方が大地を踏みしめてからだにいいかもしれない』と思い巡らし、島民に聞いて教えてもらいました。そして、『靴をほしい』と望んだ人に、丁寧に採寸して履き心地のいい丈夫な靴を作って売りました。その靴を履いた島民は、靴がからだの一部のようで、うれしくて思わず走りだしました。そして、ケガすることなく、遠くまで出かけ、外と往来が始まり、やがて島は美しいまま大陸とつながりました」(伝聞、筆者一部創作)

筆者は、「思わず走りだしてしまう靴」を作る靴屋さんを探して、天然皮革をペンに持ち代えて文章を綴ることをお願いした。それが本書の著者たちであり、その論考と手記である。

「それ自体を目的としておこなうという欲求が何年、何十年の年月をかけて人の経験の中に根を張っていく……のが職人技の意味である」。「それ自体を目的として行うことによってしか、人々は自分自身を生活に固定できないのである」(セネット著・森田訳, 2008)。

わたくしたちにとって、それぞれの専門を活かして、発達障害をもつ子どもたちとかかわり、「よりよい未来」になるよう応援すること、それ自体が目的であり、願いである。この意味において、わたくしたちの仕事は職人技と言えるかもしれない。そうすることでわたくしたちも、経験や生活に根を張って、確かな人生を生きられるのである。これらの営みが『子どもと「いっしょに生きていく」』という本書のタイトルの意味である。

本書の序章は、筆者の恩師、藤永 保先生のご遺稿です。病が重なり絶望の淵にあった筆者が、再び筆を執れたのは、不肖の弟子に先生がこのご論考を遺してくださったからです。死してなお、師のご慈愛が、筆者の「いのち」を強めてくださいました。万謝いたします。

　さらに上の事情から、本書の上梓が長らく遅れてしまいましたことを深謝いたします。また、上梓を信じてお待ち下さいました皆様、とくに保護者の切実なる声を届け、かつ貴重なご意見を下さいましたおひとりの聡明なお母様に厚くお礼申し上げます。

　最後に、本書の意義を認め、長い間見守り支援して、世に出して下さいました編集者の池内邦子様、金子書房総合研究所所長の加藤浩平氏、株式会社金子書房様の皆様に衷心よりお礼申し上げます。

井上信子

文献

リチャード・セネット著、森田典正訳（2008）：不安な経済/漂流する個人—新しい
　　資本主義の労働・消費文化. 大月書店.

目　次

序章

発達心理学からみた「発達障害」

藤 永 　保

1.　「発達」の持つ意味

　発達や発達心理学の原語は、いうまでもなく"development"、"developmental psychology"である。これらは等しく心理学の術語だから、何語であろうとも同じ定義を与えられており、語義上の同一性は保証される、と信じられている。改めて「発達」の意味を問えば、いぶかる人のみ多くなることだろう。

　しかし、中国では、"developmental psychology"は展開心理学とか発展心理学と訳されている。「発達」心理学が唯一または最適な対応語とは必ずしもいえない。それどころか、後に指摘するように、中国語訳のほうが、むしろ適切な場合があるかもしれない。

　発達ももともとは中国語であり、発と達という対照的意味を持つ2語を連結することによって作られた。つまり、どこかから出発しどこかへ到達するという現象的な意味が強い。わかりやすいから、日常語としても、言語発達、台風の発達、スマホの発達、はては都市環境整備組織の発達などなど、さまざまに多用されている。

　しかし、"development"を英和の辞書で引くと、発達のほかに開発や現像という意味が記載されている。開発はともかく、日本語の発達の多様な

用法のなかにも、どう考えても現像は見出しにくい。なぜだろうか。それには、"development"の原義に戻ってみなければならない。

　"development"の反対語は"envelopment"であり、辞書を引くと包装などの意味がある。類義語には"envelope"があり、封筒や封入を意味している。これらから、"development"とは、原義は巻物を開いて内容をみる、といった意味だったことが知られる。抽象化していえば、隠れた本体が次第に開示されていく過程というほどの意味になる。現像とは光学的にはすでに焼き付けられた画像を薬品の力を借りて具現化する作業を指すから、"development"の原義には誠にふさわしい。発達と現像が訳語として並んでいるのは、決して奇異なことではない。

　「発達」と"development"が等値ではないことはわかった。しかし、最初の断りにあったように、両者は術語として使われているのだから、日常用法に違いがあるにしてもそれと学問的研究に何の関わりがあるのか、再びそう問われることだろう。

　実は、こうした日常的用法は気づかれぬまま学問的用語の世界にも入り込み、あらぬ誤解や食い違いを生むことがある。ひいては、研究の姿勢や理解のあり方に微妙な狂いを与えている。だからこそ、それに対する反省と考察が必要になるのだ。

　具体例を挙げないとわかりにくい。少し以前に、"developmental dysphasia"という症状が問題になったことがある。このことばは、常識的に発達失語と訳されていた（現在は、代わって"specific developmental speech disorder"という用語が使われている。語形は少し違うが、事の本質に変わりがないことはおいおい知られよう）。

　心理学を学んでいる学生に、「発達失語」とはどんな症状か、質問してみたことがある。一つの答えは、幼少期に発症する失語症というものだった。発達心理学は、かつては児童心理学と混用されていた。人間発達における変化の最も目覚ましい時期は幼少期だから、この解釈は素朴な偏りに立ってはいるが全くの的外れとまではいえない。

　では、ふつうにいわれる失語症とはどこが違う、こう質問すると、

「さー」と初めて首をかしげることになる。通常の失語症状は、大脳の言語中枢部位損傷によって起こり、成人では、重創などの外傷を除いて脳出血や脳梗塞によることが多いのは学んでいる。脳出血は当然老化による。子どもではまだ重創などは稀だろうから、ここでやっと幼少期の失語にはふつうの病因論の適用は難しいことに気づく。さらに、同じ病因、同じ症状なら、別に年齢で区別するいわれはないのではと追い打ちをかけると、困惑はさらに深まる。失語症状が始めは微細で目立たないが次第に発展していくのではなどと、わかったような解釈をひねり出す者もいる。結局、混迷の淵に落ちたまま議論は終わった。

わからない術語をていねいに調べる努力は学習や探究の第一歩であり、何度注意してもし過ぎることはない。しかし、ここでの問題はまた別である。仮に、この語が先天性失語とか生得性失語とか訳されていたら、これほどの回り道は必要としなかったのではないか。

発達というわかりやすいことばに安住しているために、見えるはずのものが見えてこない、それがここでの問題なのだ。「発達」ではなく、"development"に焦点を向ければ先のような単純な思い込みに陥らずに済む。だから、ながながとこの語の注釈をした。原義に戻れば、"developmental dysphasia"とは、言語障害の症候はすでに潜在的に刻印されていて成長の過程につれて次第に姿を現してくる、そういうニュアンスを持っていることに改めて注意が必要だ。原義に忠実であろうとすれば、先天性失語といった訳語のほうがはるかにふさわしい。あるいは、展開失語のほうがまだしもかもしれない。

残念ながら、日本の心理学は西欧世界からの輸入学問として始まったため、なおその強い影響を免れていない。漢字の造語力には目覚ましいものがあり、だからこそ西欧諸科学の用語を我々は自在に翻訳して取り入れ、自国語によってかなり充分に学びとることができた。しかし、日本の自然科学が相応な独自性を達成したのに比べて、人文・社会科学では一方通行的受容度はなおはるかに高いようにみえる。だから、概念としては原語のそれに依存しているはずなのに、巧妙な翻訳があるばかりに二つは同一と

思い込み、微妙なずれを意識することが少ない。訳語の含意のほうに知らずしらず依りかかっているため、正当な見方を失っているのに気づかない、そういう一例がここにある。今は“development”という一語を挙げただけだが、その気になれば、他にもたくさん似たような例を見出すことができるだろう。

2.　「発達障害」の場合

　日本で発達障害と呼ばれているのは、“developmental disorder”の訳語である。“developmental dysphasia”の場合と同様、「発達」だけに目を向ける連想的解釈では、ただ幼少期に起こる障害と取られかねない。さすがに、発達失語に比べれば発達障害は、はやりのことばであり、その具体的症状も何となく知られているため、そうした誤解が少ないのはまだしもといえる。

　しかし、もう一段掘り下げるなら、ここにも同じ問題が繰り返されていると思い知らねばならない。“development”の持つ含意からすれば、幼少期には末梢的意味しかなく、むしろ主役は暗黙に潜む先決説や宿命論の側にある。発達障害とは、遺伝のような根深い原因によりすでに症状や発現の在り方は決定されていて、成長につれて次第に明確な姿を現す。幼少期から出現するのは、ただその頑強さを示すに過ぎない、敷衍すればこういえるだろうか。

　しかし、そうだとすると、発達障害の枠組みのようなものはわかったが、具体的にはどんな症状を指すのかがわからない、こういう疑問がすぐ出てくることだろう。尤もだ。フェニールケトン尿症のような精神遅滞を起こす可能性を持つ遺伝的素質や分裂不全によるダウン症なども、この枠の中に入ってしまう。だが、今のはやり言葉としての発達障害は、これらとは全く別物だ。

　では、外国語の心理学辞典なら“developmental disorder”の詳しい解説があるのかと引いてみたら、「広汎性発達障害、特異的発達障害をみよ」と

なっているだけだった。どうやらこの二つを一括するための便宜的用法のようであり、やはり頼りにはならない。

　繰り返しになるが、原語には潜在的ながら病因論が含意されている。この点を除けば、日本語・原語の何れを問わず、発達障害とは、障害の範囲や内容を明確に規定する用語ではなく、大まかに概括する名辞として用いられている過渡的名称のようにみえる。

　日本語の発達障害には、もう一つ大きな問題がある。1978年のアメリカ発達障害者支援法では、22歳以前に発症し、心身の重大な障害により、生涯を通じて個別的な支援を必要とするようなケースを"developmental disability"と呼んでいる。悪いことに、このことばもまた発達障害と訳されることが多い。"disorder"は明らかな異常を指すが、"disability"は発達上の不全を意味し、その範囲ははるかに広い。当然ながら、上のダウン症やフェニールケトン尿症その他の精神遅滞をはじめとして各種の身体・運動障害はいうに及ばず、自閉症やアスペルガー症候群、学習障害、重いチック症状などの幼児神経症までも入りうるから、ことはますますややこしくなってくる。

　日本語の発達障害を常識的に解釈すれば、後者のような理解に傾くほうがむしろ自然であろう。そうだとすれば、「発達障害」は"developmental disorder"と"developmental disability"との二重の意味を持つが、前者は特殊な専門家の用法、後者は一般の理解という極めて混乱した状態になる。後者は前者をも含みうるから、その意味で大きな取り違えや混乱が起こっていないのはまだしもだが、学問的にはこの錯雑を放置しておくのは問題といわねばならない。

　近年、障害ということばはマイナスのニュアンスが厳しすぎるから、むしろ障壁という意味の障碍と書くべきだという意見がある。尤もな点もあるが、原語の"disorder"の意味が厳しいことは紛れもない。こうした概念を再検討しない限り、さほどの助けになるとは思われない。それよりも、"disability"は障碍とするほうがより適切だから、せめて"developmental disorder"を発達障害、"developmental disability"は発達障碍と訳し分ける

程度の工夫が欲しい。こうすれば、上のような混乱は多少とも避けられるのではなかろうか。

3. "development" の含む病因論

こうみてくると、「発達障害」という症候名は原理的には具体的内容を欠いているはずなのに、いくつか特定の障害を意味するように扱われているだけではなく、他の障害や不全と混同を招きやすいという二重の問題を背負っている。それなのに、なぜこの症候名がこれほど盛行しているのだろうか。

突き詰めていくと結局、2004年12月に成立し、2005年4月から施行された「発達障害者支援法」に起因するように思われる。この法律では、発達障害を「自閉症、アスペルガー症候群その他の広汎性発達障害、学習障害、注意欠陥多動性障害その他これに類似する脳機能の障害であってその症状が通常低年齢において発現するものとして政令で定めるものをいう」と規定されている。

それまでのいわゆる特殊教育は視覚・聴覚障害、肢体不自由児、精神遅滞など特定の問題を抱える児童を対象とするものであった。しかし、近年その枠内では収まりきれないさまざまな問題を抱える子どもが急増するという新事態が起こってきた。これに対処するために、こうした子どもたちを一括支援できる立法措置が必要とされたのだろう。

その点、発達障害ということばは特定の具体的症候を意味するものではないから、さまざまな障害をまとめて総称するには極めて便宜である。こうして上の諸症候が一括されることになったのであろう。関係者の苦心には敬意を払うに<ruby>吝<rt>やぶさ</rt></ruby>かではないが、行政的考慮が学問的規定に優先するのは<ruby>些<rt>いささ</rt></ruby>か本末転倒の嫌いがあるように思われる。

上の諸障害は、それほどたやすく一つのカテゴリーに入れられるものだろうか。たとえば、学習障害は、ふつう全般的な知的能力には遅れがないが、特定の教科（多くは国語）に著しい困難や遅れを示す児童生徒、その

ように受け取られている。自閉症児の言語障害は最も顕著な特徴の一つと考えられているから、多少の共通点はないでもない。また、当初多動性障害とみなされていた子どもの症状が落ち着くにつれ、自閉症状がはっきりしてくる事例もある。自閉症・学習障害・注意欠陥多動症の間に、何か通底するものはあるのかもしれない。

しかし、だからこれら三者を一括したというなら、三者に共通する基本問題と病理的特徴を明らかにする努力が怠られてはなるまい。たとえば、自閉児のなかには、一般知能は低いにもかかわらず、音楽・描画・計算などに異能を発揮する事例が知られていて、サヴァン症候と呼ばれる。この症候と学習障害とは、ちょうど陰画と陽画のような裏返しの関係にある。そこには、人間の知性の構造に関する根本的問題が潜んでいるのかもしれない。こうした課題に挑戦し進展を収めるなら、児童精神病理学それ自体に革新を齎（もたら）すばかりでなく、知能心理学や発達心理学にも大きな貢献が期待されよう。

そうでないなら、「発達障害」はいつまでたっても便宜上のカテゴリーの域を出ることができず、却って誤解や悪しき副作用を増幅しかねない。たとえば、ふつうに理解されている自閉児の特徴、著しい社会性の発達不全は学習障害の定義には示されていない。初学者には、学習障害と自閉症を共通カテゴリーで括ることは納得しがたいのではなかろうか。

現状は、どうも後者の方向に傾いているようにみえる。筆者の周りの人に聞いてみても、「発達障害」を単に「広汎性発達障害」の略称のように考え使っているケースが多い。広汎性発達障害は確かに長すぎる名前なので誰しも略称化したがるが、その不正確を避ける意味なら自閉症スペクトラム障害（ASD）ということばを使うほうが適切である。前述の発達障碍との混用の問題を残したまま、さらに略称としての不正確な使用が広まるなら、専門家がいくら広汎性発達障害・学習障害（LD）・注意欠陥多動性障害（ADHD）の三者の総称と力説してみても、半専門家集団や一般人の混乱は深まるだけではなかろうか。

発達障害を多用するについては、もう一つ考えねばならない根本的な問

題が残っている。上にすでに指摘してきたことだが、"developmental disorder" に潜む暗黙の病因論である。「発達」障害というわかりやすい訳語に依りかかっているために、原語の持つ根深い含意を知らずしらず密輸入していることに気づかないのでは、改めて再確認が必要だといいたい。

"Developmental disorder" には、障害はすでに刻印されていて免れようがないという厳しいニュアンスがあることを忘れてはならない。この種の病因としては遺伝、分裂不全による出生前障害、中毒による胎内傷害などなどいくつか挙げられるが、このうち最も一般的なものは遺伝だから、自然これが名指されることになる。さらに、近年脳科学の進展は目覚ましく、脳機能に関わる遺伝子の性質や所在などについても解明の糸口が拓かれてきた。遺伝論と脳科学の二つの潮流が合体すると、半ば必然的に、発達障害という新奇な異常は—正体はまだ不明にしても—遺伝的な脳の障害による。それこそが、今までの常識では理解しがたい奇妙な症状を解き明かす鍵と信じられることにもなる。

もとに帰れば、前述の発達障害者支援法では、自閉症・学習障害・注意欠陥多動性障害は皆そろって脳機能の障害と明記されている。逆にいえば、三者を一つのカテゴリーとして括る共通性（内包）は脳の障害という基準以外には見当たらない。ここには、まさしく原語の持つ隠れた病因論がはからずも姿を現しているように思われる。

たしかに自閉児の示す症状には、簡単には了解しがたいものがあるのは事実だろう。脳機能の障害といいたくなるのは、わからないでもない。しかし、近年自閉症者が自ら内面を語る著作がいくつか発表され、その感覚異常など症状の謎を解く鍵が少しずつみえてきた。自閉症児は想像力を欠き他者の心を理解できないというのは現在の通説だが、一部にしろ自閉症者が説得的に自己を語ることができるというのはこの通説に反する。こうした事例を取るだけでも、自閉症状＝理解不能＝脳障害という三段論法は短絡的に過ぎると思える。

まして、ADHDのような曖昧な症状の場合、それほど簡単に脳の障害と決めつけてよいものだろうか。アメリカの報告では、学齢期の有病率は3

〜７％とされているが、一部地域ではADHDと診断される子どもは４分の１にも上るという報告を読んで心底驚いた記憶がある。一般に男児は女児より被傷性（vulnerability）が高いことが認められ、たとえば自閉症の発症率は男児３対女児１の比率といわれる。しかし、ADHDに限ればアメリカの男女比は８〜10対１といわれる。また、ADHDの有病率は年齢とともに下がることも認められている。虐待を受けた子どもでは、ADHDの症状を示す例が多いことも指摘されている。

　以上から次のように考えられよう。まず、男児は女児に比べて、粗野、攻撃的、ことばより行動、指示に従わないなどの傾向が高いことは誰しも認めるところだろう。これらの特徴は年少児ほど素朴な形で現れるから、すぐにADHDと診断されかねない。成長とともに落ち着きが出てくると、この診断を免れる子どもが多くなり、有病率は低下する。男児の被傷率の高さからは、たとえば男女児の発症率が５対１くらいなら許容できるとしても、８倍にも達するのは過剰診断の疑いがある。成長とともに情動制御の能力は高まるなら、逆に多動や不注意は社会的未成熟を示すに過ぎない。虐待など発達環境の不全によっても多動・注意欠陥の症状が現れるなら、脳障害だけを唯一の原因とすることはできない、などなどさまざまな疑問が浮かぶ。わが国でも近年新薬の効能についての不正事件があったが、アメリカ製薬業界は向精神薬をこれからの最大のターゲットに絞り、強大な資金力にものをいわせて治験成績と販路拡張を自己に有利な方向に誘導しようとしている、ADHDを脳障害とすれば向精神薬の投与が保証される、それが過剰診断を促す背景ではないか、こういう見解も当のアメリカから漏れ聞こえてくる。

　日本でも、近年多少の問題を持つ子どもを地方自治体による巡回相談などに掛けると、判で押したように「ADHDの疑いあり」と注釈されてくるのにはほとほと困惑させられる。折角の発達障害者支援法の思わぬ副作用がこんな面に表れているのだとすれば、「発達障害」という概念そのものに、再検討が必要とされる時期にきているのではないだろうか。

4．　発達心理病理学の立場

　急いで付け加えねばならないが、脳や遺伝の意義をことさら軽視していうのではない。これらの機制や機能の解明は、発達心理学にとっても基本問題をなすことは疑いない。問いたいのは、発達障害についてだけ、なぜそれほど遺伝や脳を強調するのかという疑問である。たとえば、生理的精神遅滞を説明するために遺伝におけるポリジーン（量遺伝子）仮説が提唱されたのは周知であり、近年の行動遺伝学の成果にみるように他のさまざまな異常についても常に遺伝の寄与が問われ続けていることは忘れてなるまい。

　推察するに、一昔前自閉症は母子関係の不調に由来するという不当に偏った説が流行したことがあり、脳障害を強調するのはその誤りを正すことを目指したのかと思われる。そうなら、意図するところに共感は惜しまないが、振子は逆に振れ過ぎた感じもある。筆者の接する範囲では、自閉症などの判定を受けた母親・父親は―よく勉強している人ほど―落胆し無気力に陥っていくようである。遺伝や脳障害といわれると、自己罪責感から免れるというプラスはあるが、反面落胆や絶望感が深くなるのは避けられない。それは、遺伝や脳障害に対する理解不足のためといわれそうだが、それなら脳障害の強調だけではなくその本質の啓蒙へもっと力を注いで欲しいと切望する。

　その意味では、近年起こってきた発達心理病理学の主張には聞くべきものがある。"developmental disorder" の解説で再三述べたように、旧来の遺伝学では、遺伝的病因の効果は一種の必然として直線的に具現すると想定するため、上にみたような宿命論や悲観論を導きやすかった。これに対して、発達心理病理学では、遺伝も脳障害もさまざまある発達要因の一つとする。これらの諸要因は、互いに加重や抑制などの相互作用を繰り返すだけではなく、主たる養育者、家族成員、子ども仲間、親類縁者、近隣の人々、幼稚園、保育所の保育者と仲間など当該の子どもを取り巻く発達環境のなかで絶えず影響を受け、またそれを投げ返すことによって動的な変

容を起こす、このように考える。

　筆者は、軽度自閉症の幼児の人間関係や発話能力が、主たる養育者の交代によって劇的に変化する事例をみてきた。また一卵性の自閉症児が、一方の優位が深まるにつれてそれぞれの母子関係がほとんど質的に変わり、それが一方の発達上の優位をさらに促すという循環を遂げた末に、両者の発達水準にほぼ1年間に相当する差異が生じる事例をも経験した。これらは初期条件が同一であっても、人間発達の持つ可塑性や弾力性によって結果は必ずしも同一にはならないことをよく示している。逆に、同じ発達状態（結果）が齎されたからといって、それを作った要因や初期条件は同一とはいえないことも含意する。これらは、発達心理病理学の重要な帰結であり、先の悲観論や宿命論から逃れる大道を指示している。必要なことは、発達心理病理学の理念を実証的に確立する諸研究の発展である。

　始めに発達障害の原語がどのような含意を持つかを述べたのは、決して西欧心理学への従属を説くためではない。"development" ということばを使えば、知らずしらずそこに含まれる暗黙の宿命論に囚われ、別の見方を失いやすいことになるのだろう。いわば、無自覚のままと先決説の眼鏡をかけて、事象をみることになるからだ。言語相対性の仮説はこの原理を余りにも声高に主張し過ぎたが、そこには聞くべきものが残っていると筆者は信じる。

　逆に、「発達」という語を常用する者は、隠れた先決説や宿命論を免れてはいるが、挑戦すべき課題の重さを意識しないという欠陥をも持つ。彼を知ることは己を知ることであるとともに、狭い限界を脱け出る道でもある。日本の特に若い研究者にこの期待を託し、大きな進展を望みたい。

第1章

みんなで学ぶ、みんなが学ぶ
通常の教育課程における支援の現状とあり方

増本利信

1. 通常の学級で学ぶということ

学校には実に多様な子どもが在籍している。

筆者はこれまで公立小学校を中心として教育に携わってきた。通常の学級の担任や特別支援学級の担任、通級指導教室担当、特別支援学校での担任と様々な立場から子どもたちに関わってきた。異なる個性を持つ子どもたちが互いに影響しあい学びあいながら成長する「学校」という場所が、常に子どもに寄り添い、よりよい成長を促すことのできる場所でありたいと常々考えている。

通常の学級では、多くの子どもたちが年次ごとに定められた教育課程を履修し、同年代の仲間と日々の生活を共にしている。支えあい教えあいながら過ごす日々は将来の社会参加に向けたかけがえのない体験を子どもたちにもたらすが、子どもの中には様々な苦手さから集団での学習や生活に負担を感じてしまうことも少なくない。

本稿では、子どもたちが通常の教育課程を履修し、生活年齢の近い集団の中で生き生きと過ごしていくために、学級担任を中心とした学校職員にできることについて考えていきたいと思う。

（1）　通常の学級で見られる困難さのある子ども

　筆者が勤務した学校では、教室で気になる子どもの存在と困難さの現状、求められる支援の方向性について通常の学級の担任に対して学期ごとに記述を求め（図1-1）、その情報を元に支援の方法を検討し、支援リソースの配分や教育課程の検討を行ってきた。またその情報を蓄積することで該当する児童がどのように成長してきたのか、今後課題となりそうなことは何かを検討することにも役立ててきた。

　このシートでは、子どもたちの困難さを4つのサブタイプに分けてチェックを求めている（表1-1）。

記入日　5月30日

1年　　4組　　担任名　増本　利信

優先順位	児童氏名	気になる分野	児童の困りの状態	こんな支援があれば
⑤	A	学・生・社・他	忘れ物が多い　机上の整頓も苦手	コーディネーター観察
③	B	学・生・社・他	音読、特に漢字の読みが苦手　文章理解に時間を要する	教科書への読み仮名支援　個別指導の必要性
④	C	学・生・社・他	授業中の指示がなかなか伝わらない　聞いていないときがあったり聞き返しがよくあったりする　学習全般での理解にも支援を要する	アセスメント（発達検査）　支援員配当（算数）
②	D	学・生・社・他	協力して行動する場面でのトラブルが多い、給食や掃除の時間にイライラすることがある	支援員配当（給食・掃除）
①	E	学・生・社・他	朝から元気がない　朝食がしっかり摂れていないようだ　着衣の汚れも気になることがある	個別支援　家庭との面談　福祉連携
		学・生・社・他		
		学・生・社・他		
		学・生・社・他		
		学・生・社・他		

図1-1　支援ニーズ記入例

表1-1　支援ニーズにおける困難さのサブタイプ

表記	困難さの例示
学（学習）	学習の難しさ、定着不足、授業参加状況など
生（生活）	整頓や着替え、排泄など身辺処理など
社（社会性）	他人との関わりなど対人スキルや情緒の安定など
他（その他）	病気や養育状況など家庭との連携が必要なことなど

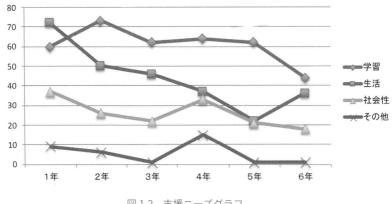

図1-2　支援ニーズグラフ

　図1－2は、600名程度の小学校で2年間計6回の記述に挙げられたサブタイプ数を集約したものである。このグラフから見られる傾向としては以下のことが挙げられる。

① 　学習に関する支援ニーズが全般的に多い
② 　低学年では行動面での支援ニーズも多く見られる
③ 　支援ニーズは全般に学年が上がることで減少する傾向がある

　どの学年でも学習に困難さのある子どもは存在し、加えて特に低学年では身の回りの所作や集団行動する際に支援が必要な子どもが高い割合で見られることが推測される。つまり、発達段階に応じた適切な関わり方や支援の重点の置き方にも気を配る必要があるといえる。また、支援ニーズ数は学年が上がるにつれて減少しているが、ニーズのある子どもが減ったというだけでなく、子どもの困りが見えにくくなるという可能性もあり、高学年になるにつれてより丁寧な関わりが求められるのは言うまでもない。
　もちろんこれは教師の側から見た数であり、実際には学習内容の理解が十分でなかったり、行うべき行動が言語指示だけでは把握できずに戸惑っ

ていたりするなど、声や行動で助けを呼ぶことをしていない、いわば静か
に困っている子どもが多数在籍していることを忘れてはならない。

（２） 通常の教育課程について

　通常の学級で学ぶということは通常の教育課程で学ぶということであ
る。一般的に教育課程には、教科等の時数の配分や日課、年間の行事計画
が含まれ、学校教育法施行規則に基づいて設定されている。学校週５日制
で休日は増えたものの学校行事は依然として残っていることが多く、また
学習内容は増加傾向にあるため、通常の学級の子どもたちは大変慌ただし
い毎日を過ごしている。

　一般的な国語教科書（３年生）の年間カリキュラムによれば、教科書を
指導するために必要となる標準の時数は「207時間」となっている。ちな
みに学習指導要領にて定めている国語科３年生の標準授業時数は「245時
間」であるため、若干ゆとりがあるように見えるが、多くの学校で毎週時
間割に位置付けられる書写の時間にも「30〜35時間」が充てられるため、
実際に授業に必要となる時数は「237〜242時間」となる。すなわち、１年
間に許される余剰の時間数は「８〜３時間」で、児童の実態に応じて進度
をゆっくりにしたり、補充指導を行ったりする時間を十分にとれないこと
が現状である（表1-2）。

表 1-2　標準時数とカリキュラム時数の差からみる余剰時数

学習指導要領に規定されている３年生標準時数	国語教科書のカリキュラム時数	書写のカリキュラム時数	補充などに使える余剰時数
245時間	207時間	30〜35時間	8 〜 3時間
	237〜242時間		

（３） 通常の学級で支援するとは

　通常の学級における支援とは、通常の教育課程に則ったうえでの支援を

指す。

　前述したように、学級担任が定められた学習内容を限られた時間で指導しながら、教室運営を進めていくことは容易ではない。だからこそ、必要な支援を必要な子どもに対して行うためにより効率的で効果的な支援方法を検討し実施していく必要がある。

　加えて、このような背景のもとに通常の学級での支援がなされていることを保護者が理解することは、子どもと保護者と教師が「一緒に生きていく」ための第一歩であると考えている。

2.　通常の学級でできる支援

（1）　困難さのある子どもにどのように気付くか

　教室では様々な困りのある子どもが見られるが、本節では視覚機能の困難さに焦点を当て、「見る」ことに困難さのある子どもへの対応を中心にまとめていきたい。

　生活すべての場面で「見る」スキルは重要であり、とりわけ学ぶ場面ではその精度が学習上の負担や内容理解、定着に影響を及ぼし、特に読み書きスキルの習得に影響する。

　読み書きスキルが低いとどんな不利や苦手さが生じるのか、教室で見られる子どもの姿を思い浮かべてみよう。まず思い浮かぶのは、教科書文の音読や内容理解の困難さが挙げられる。低学年時の教材文であれば繰り返し練習することで暗記し、声を合わせて読み上げることができることが多いが、中学年、高学年と内容が高度になったり、初見の文章を読んだりする場面で苦手さが顕著になってくる。また、読み込むことに時間がかかるということは、理解するための時間を確保できないことに繋がり、内容理解が十分に進まないことも想像できる。加えて、読みに負担を感じる子どもは読書をする機会も少なくなりがちである。読書量の低下は知識の積み上げの機会が減るだけでなく、活字から想像を膨らませ場面を思い浮かべ

表 1-3　授業中に見られる困難さの可能性がある子どもの状態像（一例）

見る場面	黒板を見るときに目を細める 書き写す際に見比べや文字を探す動きが多い 黒板や教科書を見る際に頭を傾ける
読む場面	指差しをした方が読みやすい 一文字ずつの読みになる 文末を読み誤ったり、行を飛ばすことがある
書字	枠内に文字が入らない 字形が整わない 漢字を覚えることが苦手
その他	工作など全般的に不器用 絵画の彩色で独特の色使い

たり、登場人物の心情変化を読み解きながらその後を予想したりする機会も少なくなることとなる。このことは学習のみでなく社会性の伸長という点でも不利となることがある。

　また、書きの苦手さは、種々の書き取り場面での困難さに直結する。転記に時間がかかることで説明に意識を振り分けることが難しい、枠からはみ出したり、字形が整わなかったりすることで、見返して確認するというノート本来の役目が果たせないなど、学習効率に大きな影響を及ぼしてしまう。もちろん作文等の成果物についても納得いくものを書き上げられず意欲の低下が懸念される。

　これらの子どもたちは、決して学習をさぼっているわけではない。読み書きの困難さによって活動に時間を要したり、頑張っても成果が上がらなかったりする体験が積み重なることにより、徐々に疲れてしまったと考えていきたい。そして、その前提として「見る」こと自体が苦手であったり、そもそも見えていなかったりすることが影響していることも可能性として考えるべきだと思っている。

　学びに課題のある子どもたちと出会ったとき、その子は対象を楽に見て、正確に情報を得ているのかを確認するスタンスはすべての支援者が持つべきである。どんなよい教具も指導法もその子が見えてなければ意味を

なさないことを確認しておきたい。

　では、見えにくい子どもたちをどのような場面で見つけていくのか、最も分かりやすい場面は授業場面である。子どもたちの学習の様子を観察してみるといくつかの特徴的な動きが見られることがある（表1-3）。多くの場合子ども自身が見えにくさを訴えてくることはまれである。ぼやけていたり、二重に映ったり、疲れてしまったりする場合でも他人との比較が難しいため、違和感を感じずに過ごしていることも予想できる。だからこそ、平素の観察から教師や保護者が気付き、丁寧に関わりを持つ必要性があると言える。

　視力検査の場面も、子どもたちの見え方を確認する機会である。測定値は正常域だが、指標を見るときに眉間にぐっと力を入れたり、時間をかけて焦点を合わせようとしたりするなど、他児よりエネルギーを使っている子どもは、読書や書字場面でも疲れを感じているかもしれない。また左右の視力差についても注意を払う必要性がある。学級担任には養護教諭と連携し、検査中に見られる子どもの様子やこれまでの視力変化について情報を収集することが求められる。

　保護者との対話の中からも子どもの見えにくさの特徴を伺うことができる。筆者の経験では、見えにくさのある子どもの保護者から聞くことの多いエピソードとして、幼少時から迷路などじっと注視する活動を好まなかったり、本は読むがボール遊びなどに興味を示さなかったりと、遊びの偏りを聞くことが少なくなかった。また、学齢期に入ると本を読みたがらない、頭痛を訴えるなどという状態も聞かれることがあった。

（2）　医療や外部機関との連携

　これまで見てきたように、見えにくさのある子どもたちは自分で見えにくいと感じていないことが多い。通常の学級の担任として子どもの行動を観察し他児と比較する中で、特徴的な行動が見られる場合には、養護教諭や保護者と連携し積極的に関わる必要がある。そして、状態によっては医療と連携し、まずは器質的な問題がないかを確認すべきである。

また、近視や遠視、乱視など屈折異常が見られる場合には眼科において眼鏡の処方を受け、眼鏡店で子どもにあった眼鏡を調整することが求められる。

　眼球の運動能力を向上し、「見る」スキルを高めることを意図したビジョントレーニングの必要性が聞かれるようになった。ビジョントレーニングをはじめ、視覚機能のケアを専門的に行う民間資格として「オプトメトリスト」がある。近隣にこのような専門職がいないか情報を収集し、連携をとることで支援がより効果的になると期待できる。

（3）　教室環境の整備と工夫

　学級担任にできることの一つに教室の環境を整えることが挙げられる。すべての子どもたちが学びやすいように平素から教室環境には気を配っておきたい。

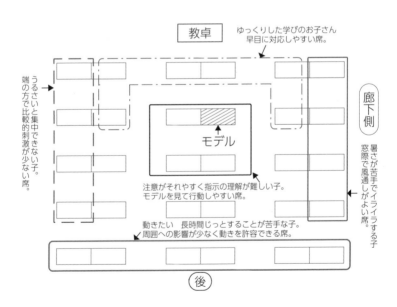

図 1-3　配慮が必要な児童がいる場合の座席配置例

教室の照度については学校保健安全法で500ルクス以上が望ましいと定められている。各校で確認されていると思うが、雨天時などに電灯が不足していたり、明滅を繰り返したりしている場合には速やかに対応することが望ましい。また、学習に関する掲示物や児童作品などを室内に多く残すことで、一部の座席の照度が落ちたり、換気ができず気温が上がったりする可能性もある。子どもが着席した高さでの生活環境を考え、適切に調節する視点が求められる。

　座席の配置については、くじ引きや子どもたちの話し合いで決める方法もあるが、教師の意図により設定するというスタンスが必要になることもある。屈折異常などで視力が出ていない子どもを前の座席にすることは少なくない。加えて発達の状態や行動特性により配慮を必要とする児童についてもより学びやすい座席配置を検討し設定したい（図1-3）。例えば一斉指示が伝わりにくかったり、理解が進みにくかったりする児童には教師ができるだけ早く関われるように教室前部の通路側に設定する。注意がそれやすく聞き漏らしたり、不器用さがあり行動が遅れがちだったりする児童は中央2、3列目に配置し、黒板や教師が見やすく注意がそれにくい席が学びやすい。その際、対象児から見える位置にモデルとなる児童がいると効果的である。その他聴覚刺激や暑さなどへの感覚の過敏さや、若干動いていると安定するという児童などについても適切な位置を検討すること

図1-4　座面に敷くQマット
（株式会社ゴムQ）

図1-5　ユニバーサルカラーデザ
インのチョーク
（日本理化学工業株式会社）

で学びやすさが高まる可能性がある。もちろんこれらを基本としながら学級の実態に合わせて適宜修正しながら配置していきたい。将来的には自分にとって学びやすい座席はどこか、自分で考えられるようになることを目標として関わっていきたいものである。

　児童机椅子の高さについても調整が必要である。その際の視点も一人一人の学びやすさに立ち、児童の座りやすさに配慮しながら調整していきたい。また、着座姿勢が乱れやすい児童には座面に滑り止めマットを敷いたり、座布団を敷いたりすることが有効なことがある。図1-4のような商品も市販されているので必要に応じて活用していくことも方法の一つである。

　板書に使うチョークにも配慮の視点がある。色弱の児童に対する支援は次項で述べるが、市販されているチョークにカラーユニバーサルデザインの視点に立った製品もある（図1-5）。多色のバランスに配慮し、明度・彩度に差をつくることで、色の見分けがつきにくい児童の支えになるように製作されている。このような教具を校内環境整備の視点から導入することも考えられる。

（4）　授業全般における視覚的支援

　通常の学級の担任が教科指導において可能な視覚的な支援の例をまとめていきたい。

　授業においては黒板を使って、学習した内容をまとめつつ学習を進めることが必ず行われているであろう。まずできることは、板書の方法や内容を検討し、より子どもたちの理解に繋がるように工夫することである。図1-6に算数の授業における板書例を示した。まずめあてや本時の学習の流れは、具体的に提示することが望ましい。ホワイトボードを使い、他と明確に区別することも有効である。例示では中央に仕切り線を入れて左右に2分割している。横書きの場合、ノートと黒板の縦横比が違うことで転記が難しい子どもについては、中央で分割することで縦横比を修正し作業がしやすくなる。また内容によっては、左に学習内容を、右で計算をと、スペースを分けることで視覚情報が整理されることも期待できる。また、

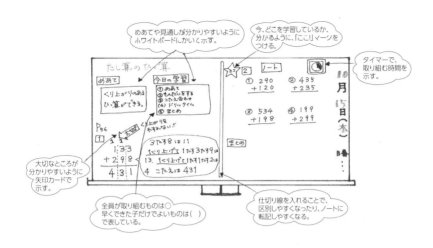

図1-6　板書の工夫例

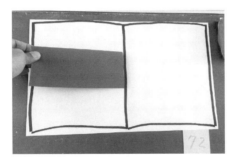

図1-7　板書赤シート

板書のどの部分が話題になっているかや、公式など重要な部分はどこかなどについては、蛍光色の星印や矢印などを活用し、容易に場所を見つけられるようにすることで、対象箇所を探すのに時間を要したり、指示を聞き漏らしてしまったりする児童に対する支援となる可能性がある。図1-7は黒板にて用いていた掲示資料である。実際の教科書のどの部分を見ればいいのか、適宜赤い枠の位置を動かしてヒントとなるように提示していた。「○ページ○行め」という指示は頻繁に用いられるが、それと併用する

ことで分かりやすさを高めていた。

　教科書から情報を得るためには、文章を読み理解することが求められるが、漢字を読む苦手さが強くて理解が進まない子どもがいる。そんな子には教科書文やワークシート、テストなどに前もってルビ（ふりがな）をつける支援を行うことが有効なときがある。すべての漢字にルビを必要とする児童は少ないので、該当児童が読みにくい漢字に絞ってつけていくことが多い。ルビはペン書きでなく鉛筆書きとし、本人が不要と判断したら消せるようにすることも重要である。ページ全体に文字が詰まって読みにくく感じる子どもには消せる色ボールペンで書くことも試してほしい。ただ、この支援を学級担任が行うことは負担が大きいため、校内に配置されている特別支援教育支援員を活用したり、教科書などは保護者の協力を得たりしながら進めることが必要になる。もちろん児童と保護者が状況を受容し支援を安心して活用できるよう、丁寧に説明し納得を得てから取り組んでいただきたい。

　印刷物における字体については明朝体やゴシック体が多く使われていると思われるが、字体により読みにくさに差があることが、読み困難のある当事者の体験談より明らかである。明朝体については縦画と横画に太さの違いがあったり、終点に飾りがついていたりすることから、文字情報以外の部分へ注意が向いてしまい、読みが難しく感じられるという当事者もいる。それに対してゴシック体、特に丸ゴシック体は画の太さが変わらないことや画が太すぎないことで下地とのコントラストが程よく、総じて読みやすく感じる場合があるようである。加えて、ユニバーサルデザインの視点で製作されたUDフォントも利用しやすくなった。今後、学習プリントや通信など教師が作成して配布する文書に関しては、読みにくさに繋がる要因を減らすためにもUDフォントなどの使用を促していきたい。

　色の見分け、特に赤と緑の見分けが難しい児童は男児に多く、約20人に1人存在している（女児は600人に1人）。このことは通常教室においても、カラーユニバーサルデザインの視点に立ち、児童にとって色合いが分かりやすい対応をする必要を示唆している。先天的赤緑系色覚異常では

「赤と緑」や「赤と黒」の見分けが難しい子どもが多く、「赤い箇所を読みましょう」という教示だけでは分かりにくいことがあるかもしれない。声かけに加えて指示棒やポインターで指し示したり、赤や緑のチョークは枠をとる際に使用したりする配慮が求められる。ちなみに、色覚異常の各タイプによって見分けの難しい色は異なるが、黄色については安定して判別しやすい傾向が指摘されている。むやみに色チョークを多用せず白字を基調にして、キーワードを黄色字で、必要に応じて枠を他の色でとるなどの配慮が求められる。

　色覚異常は遺伝疾患であり健康診断項目には含まれないが、色の見分けが難しい児童が少なからずいることを忘れずに観察と配慮をすべきである。必要によっては養護教諭と連携して個別検査に繋げ、保護者と連携して支えていきたい。なにより自覚しにくい状態像であることから、知らず知らずに児童自身が傷ついてしまうことがないように教師による理解と配慮が重要である。

（5）　学習内容の調整と教授方法の工夫

　生活年齢に合わせた教育課程を履修する通常の学級において、学習内容を個人に合わせて調整することは認められていない。また基本的に学級担任が一人で学級集団の指導にあたるため、気になる児童に対して長時間にわたって個別に関わることにも限界がある。このように制約のある中ではあるが、担任教師の創意工夫や学級集団の協力によって、子どもたちの理解が深まり、学習意欲の高まりに繋がることを目指し向き合っていきたいものである。本項では通常の学級の担任が無理なくできる支援の例についていくつか挙げていく。

　視覚機能の困難さが強い児童には、音読学習の場面で配慮や支援が必要になることが多い。読み飛ばしてしまったり、文末を読み替えてしまったり、文字を音に変換する作業が滑らかでなく、一文字ずつたどたどしく読む姿が見られることがある。そんな子どもには教師による範読を多く取り入れ、まずは聴覚情報から文章になじむことが有効なことが多い。その際、

教科書文を指差ししたり、読書リーダーをあてたりするなどして文章を目で追いながら聞くと、読みスキルの向上に繋がりやすい。また、グループや全員で一緒に音読する機会を設けることも有効である。タイミングやリズムを合わせて読むことで、読み飛ばしに気付いたり、読みを修正したりすることができ、徐々に文字の音変換がスムーズになっていくことが期待できる。読みが滑らかになることにより、読みに必要な負荷が下がり、内容理解をするための時間的にも思考的にも余力が生まれてくるように支援したいものである。加えて、授業で音読をする際にはナレーションなどの「地の文」でなく、「台詞の文」を割り当てると読みやすい。学級集団の理解を得つつ、児童が達成感を味わえるような音読の工夫がなされるよう配慮したい。

　板書を転記する作業は苦手な子どもにとっては負担が少なくない。丁寧に書こうと作業に没頭するあまりに、肝心の説明や指示を聞き漏らしてしまったり、途中まで書いて時間がなくなり、どのページも中途半端に終わってしまったりしている子どももいる。そのような子どものためにも、板書は転記をするのかしないのか、どの箇所を転記するのかを明確に指示することが望まれる。その際、個人差が大きい場合は「必ず転記する部分」と「時間があれば転記をする部分」を分けることで、早く作業できる児童への配慮ともするとさらに効果がある。また、転記をする時間と、指示や教授を与える時間を分けることは結果的に授業の流れをスムーズにすることが多い。教師が授業のまとめとしてどの文を児童に板書させるのか、授業の流れとしていつ転記の時間をとるのかなどを構想することは指導力の向上にも直結する作業だと言える。

　じっくり学ぶ子どもには取り組む問題を精選することが必要である。教科書やドリルには数問間隔で青丸や星印がつく重要問題がある。習熟の時間にはまずはその重要問題を解き、答え合わせをするなどしてから、その間にある練習問題に取り組むという流れを定着させると、じっくり学ぶ子どもも、重要問題を未学習とすることなく学ぶことが期待できる。

　家庭学習として日々漢字の練習を設定している学級は多くある。日常的

☆漢字ノートの書き方☆

漢字の宿題は、漢字を覚えるためのものです。

どんなやり方が自分には向いているか、より覚えられるか？ それによって書き方も違っていいと思います。

① 昨年のパターン・・・去年の書き方です。くり返しその漢字だけを書いて、書くリズムや手の運動で覚えます。漢字そのものを覚えるにはいい方法かもしれません。

Ⓐ かんど ⑮

② 漢字ドリルの文章をそのまま書く。

文章の中でどのように使われるのかを一緒に覚えることができます。また、他の習った漢字も一緒に思い出すこともできます。裏の読みのページを見て書けば、自分の力試しもできますね。

Ⓑ かんど ⑮

③ 筆順のところを書く。

筆順を正しく覚えやすいです。筆順通りに書くと、字形が整いやすいと言われます。習った漢字のアレンジになっていたりして、覚えやすい人もいます。

Ⓓ かんど ⑱ ⑲

④ 漢字ドリルの 成り立ちや部首などのところを書く。

成り立ちや作りなどは、一緒に覚えやすいことがあります。部首や、漢字の組み立てで覚えることができます。唄え歌みたいに覚えることもできますね。

Ⓕ かんど ⑱ ⑲

⑤漢字ドリルの 用例や熟語のところを書く。

いろいろな熟語を知ることができます。その漢字だけを覚えたら、次はどんな使い方があるのかを知ると、広がりができます。 漢字をどう使うかが多く知るとできますね。漢字の50問テストなどにもこのような使い方で出てくることもありますね。

Ⓒ かんど ⑱ ⑲

◎ どの方法でやってもかまいません。 同じ方法をくりかえさ、何通りかを交代でする、一通りやってみる・・・。

覚えることができたらOKだよね。ときどきする漢字テストで、どのくらいできたかをチェックして、やり方を変えてもいいですね。自分のスタイルに合わせていけるといいですね！

図1-8　漢字学習のバリエーション
（元兵庫県公立小学校教諭　岡野由美子先生の実践）

に書き続けることで、手指の巧緻性が高まり楽に書けるようになったり、家庭学習の習慣化がなされたりするなどの効果が期待できる。ただ、学級や児童の実態や課題の与え方によっては、漢字を写すことが目的となってしまったり、子どもが漢字練習の効果を実感できず、意欲をなくしてしまったりする状態を見ることもある。毎日の努力をより有効なものにするためにも担任からの工夫の一押しが必要ではないだろうか。図1-8は、漢字学習について5つのバリエーションとその効果、それぞれの具体的な方法について指導した実践の資料である。この実践の優れている点は、漢字

を「覚えて使うこと」こそが重要であると押さえた上で、自分に合った方法に気付くように指導していくことである。その視点や態度を子どもたちが身につけることは、主体的な学習者へと成長していく足がかりになると期待している。

　平素の家庭学習についても、全員が同一課題に取り組む必要がある内容と、各自に合わせ調整したり、それぞれが選んだりする内容を適宜織り交ぜることで、やらされる課題からの脱却が図れると考えている。また、家庭や本人と合意をした上で、習熟度に応じたプリントを渡したり、市販の問題集への取り組みを認めたりするなど柔軟に対応したりすることで、基礎学力の底上げとなるように取り組んでいくことが効果的なことが多い。

　体育の学習では、感覚面や運動面の苦手さに配慮しながら、安全に運動の経験を積み重ねたり、スモールステップで段階的に練習したりすることが重要である。また、社会性の伸長や勝敗の受容など多くの社会スキルを学ぶ場としても体育科は重要な教科である。まずは「体つくり運動領域」の内容を中心に、一人でも多くの子どもが自分の体の動きを知り、他児と関わる心地よさを知ることができるよう指導の技術を高めていきたい。各学校には「小学校体育（運動領域）まるわかりハンドブック」が資料として配布されているので、参考としながら体育科の充実を図っていただければと思う。上記ハンドブックは文部科学省ホームページからもダウンロードができる。

（6）　学習用具の工夫

　学習用具を工夫することで学びやすさを高めることができる。筆者の経験をふまえていくつか紹介したい。

　文具については、ユニバーサルデザインの視点に立った商品が各種市販されている。各社のホームページには「できるだけ多くの人が使いやすくなる」ことを意図した文具が掲載されている。特に教室で使う頻度が高いのが定規である。ミリ部分のメモリ長が段階的に変わることで細部の注視が苦手な児童も計測しやすい商品や、黒字に数値が白文字で大きく書かれ

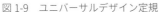

図1-9　ユニバーサルデザイン定規

図1-10　読書リーダー

ていることで見やすく工夫されている商品などがある（図1-9）ので、モデルを教室に準備し使いやすさを感じるものがあれば保護者に伝え、購入を検討するとよい。

　眼球運動が滑らかでなく、読みの苦手さが見られたり、全体から必要な箇所を見つけ出したりすることが苦手な児童や、不注意から学習している箇所以外に注意がそれてしまいがちな児童には、読書リーダー（図1-10）で見える範囲を狭くすることが有効なことがある。音読や漢字練習など様々な場所で活用できるため、多めに作成して教室に常備し、希望する児童が使えるように整えるとよい。牛乳パックを切り開いて黒の色画用紙を貼付け、必要な大きさの窓を切り抜くという手順で作製すると簡単にできるので、必要な子どもと作製することもできる。

　付箋は児童自身が工夫して活用しやすい。ノートをページの順番通りに使えない児童にはしおりとして、公式を忘れがちの子どもは直接書き込んで、ページが進んでも貼りかえて見えるようにするなど、柔軟に活用できる。すぐに取り出せるように準備させ活用を促していきたい。

　株式会社ゴムQは、シリコーン性の様々な学習・生活補助具を市販している。姿勢の崩れやすい児童にはQマットを座面に敷くことで安定した座位を保ちやすくなる。また、Qキャップは食品衛生法の基準をクリアした素材でできており、鉛筆をかじったりハンカチや指をくわえたりと、噛み締める刺激により安定する児童を積極的にサポートすることができる商品である。また、姿勢保持については車内小物の滑り止めシートを適度に切

図1-11　座面滑り止めシート

り、座面に敷くことで代用することもできる（図1-11）。

　不器用で文字を消しゴムで消すことに時間がかかってしまったり、誤りたくないという意識が強すぎたりする児童には、計算や漢字練習にホワイトボードを活用することが有効である。手持ちできるサイズのものであれば数百円で購入できるので、教室にいくつか常備しておくと活用する子も増えていく。効果を実感している児童には保護者に個人用を購入してもらってきた。磁石を補強すれば机引き出しの裏面に貼付けることができるので必要なときに取り出しやすい。

　筆圧が弱かったり、細部に注意が向かなかったりすることで、ノート書字が整わない児童には、下敷きの代わりに工作用サンドペーパーを敷くことを勧めることがある。固い机に置いた西洋紙にボールペンで字を書くと手応えがなく書きづらいという体験は誰しもしていると思うが、感覚の鈍感さがある児童にはノート書字の際に同じような感覚を持っていることがある。サンドペーパーを下敷き代わりにすることで鉛筆の動きに手応えが生まれ、止めやはねが意識しやすくなる。180番程度をベースに複数種準備して、児童に使いやすい番手を選択させるとよい。下敷きの片面にサンドペーパーを貼付ければ、丁寧に書くときとスピードが必要なときとで場面で使い分けができて便利である。

　文部科学省は「GIGAスクール実現推進本部」を2019年に設置し、小中学校や特別支援学校等の児童生徒に1人1台端末の提供、デジタル教科書

などのコンテンツ活用の促進とそれに見合う高速大容量の通信ネットワークの構築を意図したGIGAスクール構想を具現化し、多くの自治体で整備が進んだ。環境整備が整ったことにより、通常の学級におけるタブレット端末の効果的な活用に関する研究や研修が格段に進み有効利用が図られるようになった。映像教材等を用いた実感ある学びを保障し、コミュニケーションの範囲を大きく広げる価値が期待できるICTツールの利用は、今後児童生徒の学びの質を高めることが予想される。併せて一人一人の学び方の特徴に応じた読み書き支援やスケジュール機能、タスク管理など端末の持つ機能を子どもたちが使いこなすことにより、学習や生活の質を高めていけるように先生方にはぜひ積極的に活用を進めていただき実践を積み上げていただきたいものである。それと同時に、ネットワークの世界には様々な情報があることから、児童生徒が適切に情報を収集し、吟味し、自身の理解に結びつけようとする、また発信しようとするメディアリテラシースキルの向上も行う必要もある。この点については教師の指導のみでは十分とはいえず、家庭内での対話における学びを含めた保護者による主体的な子どもたちへの働きかけが不可欠である。今後の社会を担う子どもたちにとって必要不可欠なツールとなるICT機器を、家庭と学校で協力しながら子どもたちが有効活用できるように支えることが今後さらに求められる。

　通常の教室で使える学習支援用具を例示してきた。もちろんここに挙げていない用具も無数にあり、一人でも多くの児童が負担なく学べるように開発が進められている。これらのツールを積極的に利用しようと教師が柔軟な姿勢を持つことが重要である。また、学級の中で各自に合ったツールの使用を受容する風潮を醸成し、それぞれが自分にとって学びやすい環境や用具とは何かを考え続けさせることは、インクルーシブな社会を主体的に生きることができる児童を育成するために必要であることを忘れないようにしたい。

3. 保護者と手を携える

　保護者は仲間である。よりよく子どもを育てようとする同志でもある。

　35人の子どもが在籍している学級の担任は概ね35の家庭と関わりを持つことになる。生活背景も思想信条も異なる中で、互いに助けあい支えあうために必要なことはどのようなことだろうか。

（1）　学級通信は家庭と教室を結ぶ大事なパイプ

　多くの学級で工夫を凝らした学級通信が発行されていると思う。学校生活における子どもたちの生活の実態を、写真や作品を織り交ぜながら伝えることは、学級への帰属感を高め、保護者にとっても校内生活への信頼感を高める点で有意義である。また今後の学習や行事の予定を伝えることで、保護者も見通しが持てたり、家庭と学校との足並みがそろいやすくなったりする。それらに加えて意識したいのは現在の子どもたちが乗り越えるべき課題や、成長に伴う今後の変化の見通しも伝えていくことである。4年生であれば仲間間の繋がりを強く持とうとしたり、大人に対して秘密を持とうとしたりする「ギャングエイジ」について、高学年ではやがて経験する「二次性徴」や「反抗期」など、通過していくことで成長する変化について保護者に前もって伝えていくべきだと考えている。無邪気だった子どもたちが少しずつ変化していく、その姿を目の当たりにして混乱するのは保護者である。自分の子育てに問題があるわけでも、我が子だけが変わってしまったわけでもなく、成長の一連の流れの中で概ねどの子も変化していくことを具体的に知っていることは子育ての安定に必ず繋がる。また、子ども間で起こるトラブルについても保護者相互の理解が得られやすくなることで無用な軋轢を回避できる可能性も高い。

　子どもは成長の過程をたどっている。一般的な筋道を理解しておくことは子どもに関わる「ゆとり」となると考えて通信の中で適宜取り上げていきたい。多くの保護者が通信を読むことで、内容が学級の共通言語となり、保護者間に子育ての仲間である意識が高まれば、とても温かい学級保護者

会となっていくと考えている。

（2） 保護者同士が手をとりあう工夫

　子どもたちは同じ教室で過ごしているが、保護者同士の関係はあまり強くはない。無理矢理仲良しになる必要はないが、同年齢の子どもを育てる親だからこそ、共通の悩みを抱えていることが多いことも事実である。

　以前、保護者間ノートを作って輪番で書き記していったことがある。表1-2はルールとして定めていた内容である。ノートを一冊準備して児童の座席順で渡し受けながら持ち帰らせていた。子どもが持ち帰ってきたら、翌日までになんらかのコメントを書いて持たせるようにお願いしていた。当初はパスが続くこともあったが、数回経験すると徐々に記事が増えていき、以前の記事を受けて自分の考えを記すなど保護者の中での繋がりが見られるようになった。このような取り組みが軌道に乗ることで学級の保護者が互いを意識して関わり合う様子が見られるようになることが期待できる。実施にあたっては学級役員と検討をして、懇談会などで保護者に諮り、理解を得た上で運用することがスムーズに取り組むポイントでもある。

表1-2　保護者間ノートルール

こんなことを書いてね
子育てでがんばっていること 子育てで悩んでいること 我が子自慢 我が家ブーム 将来の夢 最高の一瞬
パスあり　書かない時はそのまま持たせてください
子どもも含めて誰もが見ていいノートです
楽しみながらも大人の責任を持ち書き記しましょう

この取り組みは一例であるが、各家庭がよりよく繋がるための視点を学級担任が持つことにより、学級集団はさらに結びつきを強めることが期待できる。

（3）　子どもの困りを保護者にどう伝えるか

　授業の内容が入りにくい、指示が通りにくい、他者とのコミュニケーションの苦手さが強く感じられるといった、様々な困りのある児童に学級担任は気付いていることが多い。平素の授業や関わりの中で丁寧に教える時間をとったり、全体に指示をした後、個別に確認をしたりしながら支えているのであるが、児童の困りの程度によっては課題の量や質を調整したり、行事では手持ちのプログラムを渡したりするなどの支援が必要になることがある。そのような個別の支援を進める際には、保護者に連絡し理解を求める必要があるが、その最初の連絡が一番難しいと多くの教師が感じている。理由として多く聞かれるのは、学習や行動のつまずきが児童の特徴によるのか、教師自身の教え方によるのか、判断に自信を持てず説明することが難しいということである。加えて、保護者との信頼関係が崩れてしまうのではないかという不安も影響している。このような場面では、特別支援教育コーディネーターに協力をあおぐことが効果的なことがある。多くのコーディネーターは全校児童の状態を意識して観察している。気になる児童の学びの特徴や状態をコーディネーターに相談し、個別の支援が必要かどうか共に検討することで、客観的な視点からの意見を得ることができる。その上で保護者の理解を得る必要がある場合には、コーディネーターと協議したという立場から伝えることで保護者の納得も進みやすいと思われる。筆者は、「コーディネーターからアドバイスを受けて電話した」や「コーディネーターがお母さんと話したいと言っているがかけさせてよいか」と告げることを担任に依頼してきた。

　我が子の学びの状態について個別の支援が必要と告げられたとき、保護者は少なからず驚くことを理解し、「学校と家庭のみんなで支えていきたい」という思いを丁寧に伝えることでよりよい支援の足がかりができるよ

うにしたい。

（4）　個別の教育支援計画の活用で継続的な支援を

　通常の学級の特徴として年度ごとに学級担任が変わるという点が挙げられる。その際に児童の学びや行動の理解がなされず担任との関係が悪くなったり、これまで行ってきた支援が継続されなかったりすることはあってはならない。

　ただ、教師にとっても担任する学年学級は４月にならないと分からず、異動が絡むなどすると前年度の支援の様子はなかなか伝わらないのも事実である。

　だからこそ必要になってくるのが「個別の教育支援計画」である。これまでの児童の状態や保護者の願い、支援の経過と成果を残し伝えることで、支援の隙間ができぬようしていくべきである。また、教育支援計画は保護者や関係機関と共有している。支援の継続を学校任せにせず、保護者や関係機関が児童を支えていくためのツールとしても活用されればさらに効果的であろう。

　4．　まとめ

　通常の学級に在籍する児童への支援の必要性についてはすべての教師が実感している。それと同時に丁寧に関わるための余裕がないことにジレンマを抱えているのも現状である。だからこそ学ぶのに適した環境を調整した上で、子どもの実態を整理し適切な理解のもとに、効果的な方法で関わったり、必要なツールを積極的に利用したりすることが必要だと述べてきた。加えて保護者と教師が連携し、保護者同士も協力しあうことで、より効果的な支援を行う素地が整っていくことも考えられた。

　通常の教育課程を履修するということは生活年齢に応じた教育課程の中できちんと努力し、他児と協力し関わりあいながら学んでいくことが子どもには求められる。そして保護者には日常生活で子どもを支えるととも

に、学級という集団に属する保護者同士で手を携えて協力しながら子どもたちの成長を見守る態度が必要になる。最後に、教師には児童が定められた教育内容を理解し習得するように支援をしながら、また集団生活の中で成就感や達成感を与える場を設定しながら育てていくことが求められている。

　子どもも保護者も教師もいっしょに生きていくとは、それぞれの立場で努力をしながら、将来の社会参加や自立した生活を目指して関わりあうことではないだろうか。級友と互いの夢を語りあい、周囲の大人を手本とし、未来への希望を持って生き抜いていく。そんな子どもを育てるために、教師は力を合わせたい。保護者と歩み寄りたい。子どもを理解しようと思い続けたい。互いに尊重する気持ちを忘れずに関わりあっていく、インクルーシブな社会の出発点は、教室にあることを忘れずに、各地での今後の実践が展開されることを期待している。

引用・参考文献

学校教育法施行規則. 第五十一条, 別表第一（第五十一条関係）https://elaws.e-gov.go.jp/document?lawid=322M40000080011（2021年4月3日閲覧）

ゴムQ：Qチェアマット　http://www.gomuq.com/shop/html/　（2021年4月3日閲覧）

北原 健二 監修（2008）：色覚異常を正しく理解するために. 日本眼科医会

文部科学省（2018）：学校環境衛生管理マニュアル；「学校環境衛生基準」の理論と実践〔平成30年度改訂版〕.

文部科学省：小学校体育（運動領域）まるわかりハンドブック　https://www.mext.go.jp/a_menu/sports/jyujitsu/1308041.htm（2021年4月3日閲覧）

日本理化学工業株式会社：カラーユニバーサルチョーク　https://www.rikagaku.co.jp/items/eyechalk.php　（2021年4月3日閲覧）

玉井 浩 監修／奥村 智人・若宮 英司 編著（2010）：学習につまずく子どもの見る力；視力がよいのに見る力が弱い原因とその支援. 明治図書出版.

第2章

通級指導教室での実践

山田　充

1.　堺市立日置荘小学校通級指導教室の概要

　堺市立日置荘小学校は堺市東区にある。創立140年を超える歴史のある学校である。以前農村地帯だったところが市街化された地域だが、今でも地域のつながりは強く、学校との協力体制もしっかりとれている。

　通級指導教室は平成17年に言語障害通級指導として設置された。その後、発達障害の特徴を持つ子どもたちがたくさん通級してくる実態を踏まえ、発達障害通級指導教室に種別変更された。「ことばの教室」の名称は、子どもたちになじみがあることからそのまま使っている。通級児童は、私の勤務する2015年当時、自校通級が60人前後、他校通級が2校から20数人通ってきていた。午前中が自校通級の時間、午後が他校通級の時間になっている。午前中の自校通級の時間では、一コマの時間に2クラスの子どもたちが

図2-1　堺市立日置荘小学校

同時に通級してきており、人数はそれぞれ２、３人というところである。午後の他校通級では、一コマに子どもが４人前後となっている。スタッフは正教員が１名、10時間の時間講師が１人、支援サポーターが２、３人、学生ボランティアが10人前後という体制になっている。

　自校、他校ともに、教育相談からアセスメントを行う。心理検査は原則的にWISC-Ⅳを実施。検査結果も含めてアセスメント情報を分析し、支援方針を立案する。支援方針は、教育支援計画的内容になっており、保護者と担任（学校）に対して説明される。基本的に保護者と担任（学校）は同席の上で説明し、同じ内容が伝わるようにしている。

２.　事例紹介

　今回紹介する事例は、他校通級で５年生から６年生卒業まで週１回の通級指導を実施した男子児童についてである。主たる問題行動が在籍校と家庭にあったため、先に述べた通り教育相談から発達検査を実施し、アセスメント情報の検討から支援方針を立案して、通級指導を行った。在籍校と家庭、通級指導教室が連携し、本人の支援を行っていった。経過を追いながら詳しく紹介する。

（1）保護者からの主訴と教育相談からわかったこと

　５年生の一学期末に在籍校の校長から通級指導教室に教育相談の依頼があった。夏休みはじめに、教育相談を実施し、以下のような情報を得ることができた（以下に教育相談時に保護者からの聞き取りの概要を記載する）。

　①保護者からの主訴
- 漢字が覚えられない。
- 好きな工作、図工は集中できるが、集中ができない。
- 本も面倒くさい。文章題も面倒くさくて、白紙で提出。
- 宿題は母が横についていて、やる。母がいないと、不安。

- 九九をたまに忘れている。
- 面倒くさくて、適当にしていることが多い。
- 図形は、好き。
- 直感で問題をとく。
- 気持ちがのっていなかったら、やらない。のると、する。
- やり直しも時間がかかる。
- きつく言うと、パニックみたいになる。→昨日なった。
- 3択問題を選ぶ時に読めないので、辞書で調べなさい、と言うとイライラしてくる。
- 答えを見せて写しなさい、できることはしなさい、と伝える。→消しゴムを1時間ぐらい消し、かすをだす。
- 理科、生き物は、好き。天気は、嫌。
- 家庭科とかは、好き。料理。
- ベタッとなる。（できないときに、寝る）
- 漢字は、書かない、読めない。
- 自分のなかで「無理や」と決めつけている。
- 自分の好きな漢字は、書ける。「鬼」とか。
- 文字は、小さい。
- 書くのが難しい。
- 絵は、好き。細かい絵じゃなく、ざっくりした絵。
- 工作は、好き。貯金箱とかつくる。材料をいじっているのが安心。
- 消しゴムを定規で削る。
- このように何かに触っていないと落ち着かない、様子がよく見られる。
- 割りばし工作が好き。
- 途中で持ち帰り、色を塗ろうとしていた。
- 聞くテストで「サッカー」→「サーッカ」
- メモは、とらない。メモなどの活用ができない。
- よく喋る。自分の考えとか、いっぱい喋る。
- 整理整頓はできない。

②アセスメントから

i　家庭環境

　　父・母・兄（中3）・本人（小5）。

ii　生育歴

- 出産時　3,040g 正常出産。
- 母乳：よく飲んでいる。
- ハイハイ：普通。
- 初歩：普通。
- あんまりしゃべらない。ゆっくり。気になる程ではない。
- 急にしゃべるようになった。上の子に比べたら、ゆっくり。
- 1歳半健診：特に指摘はなし。
- 3歳健診：特に指摘はなし。
- アトピー：なし。
- てんかん、けいれん：なし。
- 人見知り：あまりない。

iii　保育園、幼稚園での様子

- ○○幼稚園、3年保育。
- 行動が「ゆっくりや」と言われた。
- お遊戯。→ずっと座っている。
- 言っても、聞いていないので、素通りしている。
- おむつも普通に取れた。
- おはしも使い出した。
- すべり台から飛んでみた。顔から血を出した。
- 落ちたのに。→「飛んだんや」と言っていた。
- きれいなものが好き。

iv　小学校での様子

- 1年生。ひらがな、漢字も書けていた。
- 気がついたら、書けなくなっている。→本人の自覚は、ある。
- 漢字もきれいに書くことが難しい。

- 左利き。→幼稚園で右利きへなおされた。
- 鏡文字は、あったかも。
- 今は全部、右利き。
- 宿題。「面倒くさい」は、ない。
- 取りかかりに、時間がかかる。
- 机の中を触って遊んでいる。
- 母に勉強を見てもらうのは、嫌じゃない。
- 作文。2時間で2，3行しか書かない。
- Ⅴ　本人へのインタビュー
- 好きな勉強：〔家庭科〕家でも、料理をたまにする。目玉焼き、ゆで卵、サラダ。〔図工〕形を作る。粘土で作るのが好き。
- 嫌いな勉強：〔国語〕漢字が嫌い。文章を読むのが嫌。〔体育〕苦手。プールも苦手。
- レゴが好き。折り紙が好き。
- 何でか、わからんけど、2年生から、わからない。（勉強）
- イライラしやすい。ケンカしたとき。ときどき。
- 自分は、鬼ごっこしたい。友だちはサッカーやる。→これでケンカになる。ゆずりあえない。
- 自分のやりたいことができないのは、嫌。
- 勉強とか漢字とかできるようになったらいいとは思っている。

3．WISC-Ⅳの実施と分析

　WISC-Ⅳとは、子どもの発達を調べるために行うウェクスラーの心理検査である。

（1）全検査IQと各指標得点の記述と解釈　[90％での誤差の範囲]

FSIQ（全検査IQ）：　　（　　69[65-76]　　）

　　　　　　　　　　水準は「とても低いから低い」の領域である。

VCI（言語理解指標）：　　（　　　84[79-93]　　　）

　　　　　　　　　　　　水準は「平均の下から平均」の領域である。

PRI（知覚推理指標）：　　（　　　72[66-82]　　　）

　　　　　　　　　　　　水準は「とても低いから平均の下」の領域である。

WMI（ワーキングメモリ指標）：　（　　　65[61-75]　　　）

　　　　　　　　　　　　水準は「とても低いから低い」の領域である。

PSI（処理速度指標）：　　（　　　76[71-87]　　　）

　　　　　　　　　　　　水準は「低いから平均の下」の領域である。

　　知的水準は上記の通りである。ただし、検査時、指標得点間に有意な差があり、特徴的な様子が見られるために解釈は慎重に行う必要がある。

（2）ディスクレパンシー比較・指標得点の差

　　「言語理解」が「知覚推理」「ワーキングメモリ」との比較で有意に高い。言語優位思考をしていると考えられる。「知覚推理」「ワーキングメモリ」がどちらも極端に低く、視覚的情報処理能力や、ワーキングメモリ、聞いて記憶する力の弱さなどが顕著であるが、検査時の様子に特徴的な様子があるため、この２つの指標得点の解釈も慎重に解釈する必要がある。

　　「符号」と「記号探し」の間に有意な差がある。これも検査時の様子に顕著な特徴がある。どちらも１つずつ丁寧にして数ができなかったが、「記号探し」は、１ページ終わった時点でやめようとしてタイムロスしたこと、間違いが４つあり、正解から引かれる結果となった。そのために得点が低くなっている。

（3）能力の強弱の評価

　　10の基本検査の平均とそれぞれを比較すると、「理解」が特に高い。社会的意味理解能力が高く、「こんな時どうする」というような状況判断能力の高さをうかがわせる。一方、「語音整列」が極端に低く、検査時の様子から「めんどくさいことは適当にする」という様子が見られ、その態度が結

果にまで影響することがわかる。

（4）検査時の様子

- 何度も離席を繰り返し、後半は違う席に座って答えることもしばしばあった。
- 置いてあるものが気になり、よく触りに行っていた。
- テスターに対して、「書けってか？」などとかなりくだけたタメ口で話すことが多かった。
- 解答中もキャラクターの声マネをしながら答えたり、歌を歌いながら課題に取り組む様子が見られた。
- 入室当初より「早く帰りたい」と訴え、入室後すぐに持参したカバンから玩具（カードゲームやガチャガチャの景品）を取り出していた。
- 「積木模様」：細かいつながりを見るのではなく全体の印象で組み立てる。よく間違うが、自分で気がついて直すことができている。
- 「類似」：ほとんどできておらず、見た目にとらわれ、カテゴリ概念で答えることができていない。また「氷－蒸気」で「掃く、掃除する」と答えていたため「蒸気」を「ほうき」と聞いていた可能性が高い。
- 「数唱」：順唱の方が、逆唱よりもできておらず、逆唱も順番があやしい様子が見られた。出された数字そのものは覚えているが、順番にという観点が希薄である可能性が高い。
- 「語音整列」：聞き間違いが多く見られた。数字をひらがなに聞いたり、逆に聞いたりするケースが見られた。この検査では離席や他の遊びをするなど、モチベーションの低さが目立った。
- 「行列推理」：最初の教示から、発達年齢の開始問題まで進もうとすると「ひきょうだ」という。面白そうな問題を飛ばされたので不満に思ったようだ。４問目になると持参した風船で遊び始めた。
- 「理解」：自分の体験で答えることが多く抽象化できていないと考えられる。「新聞とテレビ」の質問では、「新聞は読まない」と言っていた。
- 「記号探し」：始めと言ったときにはすでに４問していた。誤答数が４

つあった。1ページ終わった時点で時間はまだあるのにやめようとしていた。

- 「絵の完成」：最後までやり、とても意欲的だった。
- 「絵の抹消」：問題シートを4分割して右下、左下からしていた。方略を使うことができる。
- 「知識」：1週間や1年の日数が答えられず、「大晦日」「うるう年」という言葉を知らなかった。自分で「知識がない」と言っていた。
- 「語の推理」：最後のヒントまでいかずに答えることがあった。勘は良いようである。しかし別の席に座り答えていた。

4. アセスメントから総合的判断・支援方針へ

知的水準は「とても低いから低い」の領域である。指標得点にも、低いものが多い。ただし、検査時に特徴的な様子が見られるために解釈は慎重に行う必要がある。

指標得点の比較からは、言語優位思考をしていると考えられる。視覚的情報処理能力や、ワーキングメモリ、聞いて記憶する力の弱さなどが、顕著であるが、やはり検査時に特徴的な様子があるため、この2つの指標得点の解釈も慎重にする必要がある。

下位検査では、「理解」が特に高い。社会的意味理解能力が高く、「こんな時どうする」のような適応能力の高さをうかがわせる。一方、「語音整列」が極端に低く、検査時の様子から「めんどくさいことは適当にする」という様子が見られ、その態度が結果にまで影響したことがわかる。

結果の数値が全体として見過ごすことのできない低い領域であるが、実際の子どもの様子から見て、この数値の低さは妥当ではないと考えられる。そのため、検査時の様子を詳細に検討する必要がある。

検査の様子からは、意欲がなく最初からおもちゃを出すなどの様子が見られる。また、検査中の態度やテスターへの言葉使いなどから見て、場面の状況に合わせることやフォーマルな場面を意識することなどができてい

ない様子が顕著に見られる。集中力も弱く、じっくり聞くこと、順序立てて考えるなどの行動がとれておらず、衝動的な反応も強い。聞き間違いがかなりあり、そのために解答を誤っている様子もしばしば見られ、じっくり聞くことの弱さもかなり影響していると考えられる。自分でも言っているが、知っている語彙や知識に偏りがある様子も見られる。一方、「絵の抹消」では方略を使おうとしたり、「絵の完成」では最後までいったりと視覚的な情報処理が、本質的には強そうなエピソードが見られる。

　しかし、前述したように意欲の問題や注意の問題から、本当は得意であろう力を生かしきれていない様子が見られる。言語理解が84と彼の中では高い数値を示しており、注意の問題、意欲の問題、順序立てて継次的に考える等の問題がクリアできれば、本来の言語理解の水準までは、能力が上がる可能性を示唆している。例えば漢字が覚えられないことは、細部に注目せずに全体的な印象で捉えようとする特徴と、パッと反応するためにきちんと細部に注目することができないこと、継続的な努力を嫌がりめんどくさがって、練習を継続できない特徴の複合した結果からきていると考えられる。

　本来なら、もう少し高い能力を出せる可能性を秘めながら、場の状況を踏まえず、自分の気分や集中も弱い状態のまま、気ままに振る舞っている様子が見えるために、保護者の話にもあるような適応できていない状況が生まれていると考えられる。

　この状態を軌道修正するためには、それぞれの特徴に則した「毅然とダメなものはダメ、こうしなさい」という原則的な対応とトレーニングが必要である。また、多動や衝動が甚だしいという特徴と同時に、周りの状況に配慮しない、自分中心視点でしか、ものごとを捉えにくく、こだわりも強い、できないことが受け入れにくい、パニックになることがあるという様子も見られ、これらが相互に関連しているために、より状態を複雑にしていると考えられる。そのため、家庭と学校（教育）が連携して、その一つ一つに原則的な対応を行うことを前提として、医療とも相談して医療的ケアも考えていくことが必要である。

（1）支援が必要な課題

- 漢字が覚えられない。
- 促音、長音などの表記が難しい。
- 集中ができない。
- 面倒くさがる。
- 九九などが未定着。
- 継次的、論理的に考えていくことが難しい。
- 学習に参加できない。
- 集団行動がとれない。
- ルールを守った行動がとれず、自分勝手な行動が多い。

（2）指導上の方略・観点

- 集中力トレーニングを行う。
- 指示されたことを嫌がらずにするというスキルを身に付ける。
- 細部への注目する力など視覚トレーニングを行う。
- 漢字の覚え方を理解し、それに従って丁寧に練習するトレーニングを行う。
- 意味や方法などについては、視覚提示を心掛ける。
- 絵を文に変換するなどの表現トレーニングを行う。
- 行動などの枠組みを示して、それに従って行動するように促し、常にそのことを評価する。
- 場の状況理解や、この場の様子に従って行動するなどのソーシャルスキルトレーニングを行う。

（3）支援の場と支援の課題と配慮

　個別にトレーニングする方が、効果が期待できる課題がたくさんあるため、「ことばの教室」（通級指導教室）などでの個別指導を行うことが望ましい。個別指導の成果を主たる支援の場である学級と家庭が連携し、上記方針を実行する。以下の指導の場を設けて連携をはかる必要がある。

① 通常の学級
- 前記「指導上の方略・観点」を念頭に置きながら支援を行う。
- 学級の学習のルールを示し、それに従うように指示し、できているときに絶えずほめていくようにする。
- 常に集中を促す声をかけていく。
- 気がそれないように自分で意識するように声をかける。
- 視覚提示を心掛け、関連づけ意味づけに重点を置く支援を行う。

②「ことばの教室」（通級指導教室）
- 前記「指導上の方略・観点」を念頭に置きながら支援を行う。
- 集中トレーニングなど、個別のトレーニング課題を行う。
- ソーシャルスキルトレーニングを行う。
- 漢字などの学び方や記憶の仕方についてトレーニングを行う。

③家庭
- 前記「指導上の方略・観点」を念頭に置きながら支援を行う。
- 行動や学習のルールを示し、それに従うように指示し、できているときに絶えずほめていくようにする。
- 「めんどくさい」と言うとどんどんできなくなることを常に意識するように声をかける。その際、できていく見通しを持たせて、できるイメージを持たせて行動を修正するようにする。

　学校や家庭の課題で頑張っていること、できていることが当たり前のことでも、ほめていくように心掛ける。

5.　支援の結果（2回目のWISC-Ⅳの結果）

　指導を開始して、1年後のX＋1年7月24日に2回目のWISC-Ⅳを実施した。結果について以下に記述する。

（1）全検査IQと各指標得点の記述と解釈　[90％での誤差の範囲]

FSIQ（全検査IQ）：（　　91[86-97]　　）

水準は「平均の下から平均」の領域である。

VCI（言語理解指標）：（　　101[94-108]　　）

水準は「平均」の領域である。

PRI（知覚推理指標）：（　　100[93-107]　　）

水準は「平均」の領域である。

WMI（ワーキングメモリ指標）：（　　65[61-75]　　）

水準は「とても低いから低い」の領域である。

PSI（処理速度指標）：（　　99[91-107]　　）

水準は「平均」の領域である。

　知的水準は「平均の下から平均」の領域である。指標得点では、「ワーキングメモリ」は「とても低いから低い」の領域であり、他の指標得点が「平均」の範囲であり、有意差があるため、解釈は慎重に行う必要がある。

（2）ディスクレパンシー比較・指標得点の差

　「ワーキングメモリ」が他の3つの指標得点との比較で有意に低い。聴覚的ワーキングメモリや注意や集中に困難があると考えられる。

　下位検査「類似」と「絵の概念」の評価点の間に有意な差がある。同じカテゴリー概念を解く課題であるが、言語の意味理解よりも絵を手がかりにしたカテゴリー概念の理解の方がより得意であると考えられる。

（3）能力の強弱の評価

　10の基本検査の平均とそれぞれを比較すると、「数唱」と「語音整列」が他の検査と比べて低いWであり、前述したワーキングメモリに関する能力の弱さと同じ傾向が下位検査でも見られることが分かる。

（４）検査時の様子

- 後半になると指で机を叩く、椅子を傾けるなどの行動が見られ、姿勢も悪くなった。
- 敬語は、あまり使わずタメ口で話す。
- 面倒くさがりながらも、自分で書き込むたぐいの課題には積極的であり、全体を通しても、最後まで集中して取り組むことができる。
- 「積木模様」では、検査ごとに検査者が積木をくずすのを見て、自分でくずす。くずした後に検査者が手を加えるのを見て、その法則性にも気がつく。こちらの説明が終わらないうちに課題を始めようとする。
- 「類似」：いくつかの問題で問題文を繰り返し呟きながら考えている。
- 「数唱」：順唱の桁数が逆唱と比べて、相対的に少ない。逆唱で途中、手に数字を書いて覚えようとしていた。
- 「符号」：1つずつ確認しながら取り組み、書き方が曖昧と感じたものについては、書き直しもしながらすすめる。
- 「単語」：迷ったときには何度も言葉を呟きながら考える。
- 「語音整列」：3問目から桁数が増えることを伝えると震えるリアクションをする。口に出して考え、そのまま答えを言うので、どこまでが呟きでどこからが答えかが分かりづらい。
- 「記号探し」：ページを見せたときに「出たな怪物」と反応する。説明が終わる前に課題をやり始めようとする。
- 「算数」：机上に指で何かを書くようにして考えている様子が見られた。

（５）アセスメントと諸検査結果からの考察と判断

　知的水準は平均の領域である。指標得点では「ワーキングメモリ」は遅れの領域であり、他の指標得点が平均の範囲で有意差があるため、解釈は慎重に行う必要がある。聴覚的ワーキングメモリや注意や集中に困難があると考えられる。

　下位検査の比較から「類似」と「絵の概念」の間に有意な差があり、同

じカテゴリー概念をはかる課題であるが、言語よりも絵を手がかりにしたカテゴリー概念の理解の方がより得意であると考えられる。視覚優位の特徴があると考えられる。

10の基本検査の平均とそれぞれを比較すると、「数唱」と「語音整列」が他の検査と比べて低いWであり、聴覚的な能力の低さが特徴である。ここでも視覚優位の特徴が表れている。

（6）前回検査結果との比較と考察

全検査IQ、言語理解、知覚推理、処理速度は、前回と比べてどれも大きく伸びて全て平均の範囲に入ってきている。ワーキングメモリの指標得点だけが、前回と同じ65という数字である。粗点そのものは前回よりも伸びているので1年間経過した伸びはあるが、年齢にふさわしい評価点などにはなっていないため、本児の本質的な弱さがここにあるといえる。伸びた項目について、この間の支援が本人の能力を引き出す支援であったことから、本来持っている能力の高さとなって表れたと考えられる。

6. 子ども・家族・在籍校・通級指導教室連携の取り組み

通級指導教室での1年間の指導について、在籍校・家庭との連携を含めて次のように行った。

（1）指導期間

- 週1回、水曜日の午後4時15分から5時まで
- 他校通級のため保護者に引率されて、本校「ことばの教室」まで通ってくる。
- 2回目のWISC-Ⅳをとるまでの指導回数　30回
- X年9月14日～X＋1年7月11日
- その後も卒業まで指導を継続

（2）診断名

- 9月8日の検査結果と今後の支援方針説明の段階で、医療受診をすすめて保護者が病院に予約することとなった。
- 診断場所：市内総合病院の小児科発達外来
- 診断日：X年11月15日
- 高機能広汎性発達障害　注意欠陥多動性障害
- 指導開始から2カ月後
- 投薬：なし

（3）指導内容

① 教材

ⅰ　点つなぎプリント（図2-2）

本児への場合、視覚的に細かいところに注目するという視覚的トレーニングとしても使うが基本的には集中や注意へのトレーニングとして実施した。

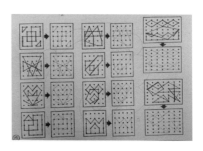

図2-2　点つなぎプリント

ⅱ　数字の線結びプリント

本児への場合、視覚的に細かいところに注目するという視覚的トレーニングとしても使うが基本的には集中や注意へのトレーニングとして実施した。

ⅲ　間違い探しプリント

本児への場合、視覚的に細かいところに注目するという視覚的トレーニングとしても使うが基本的には集中や注意へのトレーニングとして実施した。

ⅳ　絵を見て文を書く課題（図2-3）

絵を見てその絵を文章に書くことを通じて文の表現トレーニングを実施した。絵に対してヒントとなる動詞などを示して、その言葉を使って文章を作る練習を反復して実施した。

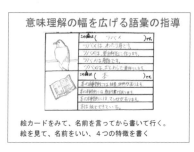

図2-3　絵を見て文を書く課題　　　　　図2-4　絵の説明プリント

v　絵の説明プリント（図2-4）

1つの絵を選んで、その絵の説明を4つ考える文の表現トレーニングである。単語に含まれる本質的な特徴を考えるトレーニングである。

vi　こんな時どうするプリント

ソーシャルスキルトレーニング（SST）として実施した。どのように動いたりするとよいか。どのように言うのがよいかなどを一緒に考えていく。最後に実際に考えたやり取りをロールプレイする。

vii　状況判断プリント

ソーシャルスキルトレーニングとして実施した。さし絵にある状況だとどのように動いたりするとよいか。どのように言うのがよいかなどを一緒に考えていく。

viii　アルゴゲーム（図2-5）

きまりに沿ったカード配置から、論理的に裏返っているカードの数字をあてていくゲーム。論理的思考のトレーニング、集中や注意へのトレーニングとして実施した。

②通級指導教室での指導時の様子

最初のアセスメント段階から、自閉症スペクトラム障害が疑われたため、指導

図2-5　アルゴゲーム

開始時に「『ことばの教室』に何のために来るか、どんなことをするのか」など、課題の内容説明をきちんと説明し、枠組みを明らかにしてから指導を開始した。

初回指導と2回目指導で、課題の内容について理解をすることができ、取り組み始めたが、おしゃべりが多く、他の子にも茶々をいれたりし、不適切な言動で通級時間を「楽しむ」様子が見られた。

3回目の指導の開始前に「課題に対する取り組みは頑張っているが、おしゃべりが多いこと、プリントへの落書きも多いこと」を説明して、今日からは「無駄口をたたかず、落書きをせず、さっさとやります。さっさとやって残った時間は自由な時間にします」と説明し、その日の指導はつきりで、余計な行動をさせず課題に取り組ませた。その結果時間を余らせてその日の課題をやりとげることができた。具体的におしゃべりや落書きなど余計なことをしない方が、後がのんびりできると分かった彼は、その次の通級指導日から、無駄口や落書きをせずにさっさと課題を遂行することができるようになった。

ただし、毎回課題に取り組む前に必ず、「無駄口を叩かず、落書きをせず、覚えてるか」と声かけをして注意喚起してから取り組ませるようにした。ADHD傾向もあるため、分かってはいても、課題を見た瞬間、衝動的に取り組んでしまい、結局同じ失敗を繰り返すということが、従来の展開であったため、課題に取り組む前に『課題を再確認させるプロセスが必要』と判断したためである。

それぞれの課題をやらせる場合は、自由にさせず、どうやったら早くできるか、どうやったらきれいにできるかなどという課題設定をし、そのための方法や方略を指導したり一緒に考えたりするようにして、実施した。これは、WISC-Ⅳの結果の最初の低さが「方法ややり方に気がつくことができず、『困難だと思ったらあきらめる』ために低かった」と考え、方法や方略を指導することに重点を置く必要があると考えたからである。

5回目の指導の際、カードを取りに行く必要があったときに彼が「あなたが取ってきなさい」と指導者に笑いながら言う場面があり、どのくらい

先生が扱いやすいかをさぐるような発言をする場面があった。その後も不適切に使用するカードに触ったりする場面があったので、「カードを次から触ったら取り上げる」と言った後は一度も触らずに課題を遂行することができた。

5年生の間は、このような先生に対する『どこまで許してくれるか』お試し行動が見られたが、これには乗らず淡々と「決まったことを、おしゃべりせず落書きせず」という対応を繰り返すことでこのような行動は収束されてきた。

ソーシャルスキルトレーニングで、『こんな状況でどうする』のようなやり取りをする場面では、わざと不適切なことをいうことが一貫して続き、社会のルールや規範に沿って動くことの困難さが背景にあることをうかがわせることが続いた。しかし、どのように行動したらよいかは本当は分かっているために、最後は適切な解答で終わることがほとんどであった。

ソーシャルスキルトレーニングが上記のような状態であったが、他の課題については真剣に取り組むようになり課題遂行能力が徐々に身についていく様子が見られた。

6年生になってからは、お試し行動は、通級指導の場ではなくなり、課題に集中して取り組むことができるようになった。

③在籍学校での様子と問題点への対応のアドバイス

ⅰ　5年の先生からの情報

指導を開始した頃から、漢字の書き取り学習に意欲的に取り組むことができるようになり、学習態度が大きく変化した。しかし、せっかく書いても、細部が曖昧なので、〇（正解）にならないことがしばしばあり、担任の先生を落胆させていたが、全体としての態度の改善が著しいため、その部分が学校では大きく評価されていた。

ⅱ　6年の先生からの情報

全体として学習課題には取り組めるようになっており、以前よりは成長している様子が見られる。しかし算数がわからないと言ってやらない課題が出てきたり、難しいからやらないと言ったらなかなか課題に取り組めな

い様子が見られたりするようになり、できる課題とできない課題に取り組む際の意欲や様子にギャップが見られるようになってきた。

　算数の問題については、できる問題は取り組んでいる様子があるため、単元の導入でわかりにくく感じて、つまずいてしまうと、「できない課題」という位置づけになり、その後の話も聞かないためますますできなくなっているということであろうと推論し、本人と話し合う。すると「わからない問題は聞かない」と発言していた。「単元の最初は大事やからきちんと聞く習慣をつけること、それがクリアできたら、後は勉強を続けることができるはず」とアドバイスした。また「先生が優しいから調子に乗って何でもかんでも『わかりません』て言ってるやろ」と指摘するとギョッとして「何でわかるん」のような表情をしていた。担任の先生は、「先生は、どこまで許してくれるやろう」という彼の思考パターンにはまってしまったために指導が入りにくくなっていたということがわかる。このような彼の思考パターンを家庭と学校に伝えて、子どもの発言に振り回されるのではなく、行動の枠組みを示し、それに沿った指示を続けるように対応方法の変換をはかっている。

（4）支援のまとめ

　1回目の検査結果から、弱い部分への支援計画を立てて実践した。また、診断が自閉症スペクトラム（高機能広汎性発達障害）とついたことから、自閉症スペクトラムの特徴と検査結果、行動の特徴を結びつけながら、問題となる行動の背景要因をさぐり、それに対応した支援方法を継続的に行うことで子どもの状態改善に取り組むことができた。そのことが効果的に作用したため、1年後のWISC-Ⅳの結果が大きく改善したと考えられる。

　特に本児の場合は、「『どこまで許されるか』と押してくる」という、いわゆる「俺ルール」があったり、できないことは全拒否になるなど、自閉症スペクトラムの特徴が社会性の課題の要因となっている。このことへの対応も、意識的に行った。その結果、指示に従って課題をスムーズにやりとげることができるようになり、達成感をもつことができるようになって

きている。この達成感をもてたことと、そのことから「やればできる」という意識をもてるようになった変化が、WISC-Ⅳの検査結果に大きく影響していると考えられる。子どもは、学校で失敗することや、叱責されることが減り、楽しく学習や学校生活に取り組むことができるようなってきている。通級指導教室を楽しみに通ってきてくれている。これまで述べた方針を通級、在籍校、保護者で共有し、通級で頑張っていることを通常の学級・家庭でも、声をかけてもらったりする中で上がってきた成果であると考えられる。

　今後の課題は、検査結果からは2回の検査で数値的に大きく変化しなかった「ワーキングメモリ」機能をどのように伸ばしていくかが課題となる。中学進学も控えているため、通常学級担任と学級での様子を交流しながら、支援の引き継ぎを検討していく予定である。

7.　子ども・家族・支援者が「いっしょに生きていく」ための通級指導教室の役割

　日常的に通級指導教室では、指導内容を保護者と学校の担任の先生（自校も他校も）に対してお知らせするための「学習の記録ファイル」（図2－6）がある。この学習の記録ファイルを順番に回していくことで、指導内容が共通に認識されるようになっている。さらに保護者とは、年に最低2回の個人懇談会を実施する。年に最低2回担任との連絡会を開催する。また必要があれば、保護者と担任、通級担当者の三者懇談も実施する。このようにシステムとして連携が取れるようになっている。

　今回の事例児童も含めて通級指導で子どもたちが大きく成長することができるのは、在籍校と保護者の間に通級指導教室が入ることで、学校の思い、保護者の思いの通訳をすることができることにある。学校には学校の立場、保護者には我が子を思う気持ちがそれぞれにあり、本来は子どものためという共通項で共有できることが、立場という枠組みの中で、学校は何もしてくれない、あの保護者はモンスターペアレントなどという対立関

「ことばの教室」学習記録

6年　組　氏名（　　　　　　　　　）

201　年　月　日水曜日　校時（ 4:15 PM ～ 5:00 PM ）

今日の学習	1	挨拶・今年の頑張ること
	2	集中
	3	視知覚
	4	文作り・作文
	5	ソーシャルスキルトレーニング
学習内容		間違い探しプリントをしました。 絵の説明文を考えるプリントをしました。 アルゴゲームをしました。 こんな時どうするプリントをしました。 点つなぎプリントをしました。
通級連絡		今日から今年度の通級指導を始めます。よろしくお願いします。学校の様子などを落ち着いているとのことでした。今日から論理的に考えるために、アルゴゲームを毎回することにしました。最初はちょっと斜めに構えていましたが、説明を聞くと分かったようでした。勝てるようにこれから頑張って欲しいと思います。
在籍校		
家庭欄		
次回通級日		201　年　月　日水曜日　校時（ 16:15 ～ 5:00 ）

図2-6　学習の記録

図2-7　日置荘小学校通級指導教室

係になってしまうことも実際にはたくさんある。その中で、通級指導教室は、第3の立場として、橋渡しができるのではないかと思う。通級指導教室は、「特別支援教育は科学である」という視点から、アセスメントや検査分析などを行い、子どもの状態と子どもの特徴との因果関係を科学的に明らかにすることができる立場にある。学校と保護者に対して、お互いの主張のぶつけ合いでなく、この科学の視点でトラブルや問題行動の要因を明らかにし、具体的で効果的な支援のアドバイスをすることができ、学校と保護者が納得し合意できるように連携を促すことができる。これが「いっしょに生きていく」ために通級指導教室が果たす「科学に基づいた連携をつくる」という役割であると考えられる。

　さらに子どもたちに対しても、ここまで紹介してきた支援や対応について、実際の通級指導の中で、子どもたちへの声かけの際にきちんと伝えて指導を行っている。保護者、学校、そして通級の先生が「あなたはなぜこの課題に取り組むのか、どう取り組むのか」ということを合意した内容でしっかり伝えることで、子どもの課題に取り組む姿勢が同じになってい

る。子どもの自覚を促し、統一された対応が、どこでも誰にでも、同じように頑張ればいいということを伝えることになる。そのことも大変重要なことである。

　その後、本児は中学校に進学した。中学校には、通級指導教室がないため、保護者は、学校に理解を求めつつ、家庭でできることを一生懸命に努力している。子どもが上手くいかないときには、どうしていいか分からないということも、やはりしばしばあるようだ。そんな時、保護者から、私のところに連絡が入る。「どのように教えたらいいだろうか」「こんなこと言うけど、どう答えたら」などいろいろな相談が入る。子どももと一緒に時々来校されて話を聞くこともある。先に述べたように、子どもと保護者の思いに寄り添い、具体的、実践的に子どもの成長と変化を一緒に考えアドバイスしてきたことが、保護者の方に「いっしょに生きていく」という実感として伝わったからこそ、中学校に入ってからも、相談に来てもらえるのだと思う。保護者、子どもとともに学校も巻き込んで「いっしょに生きていく」ために頑張ってきて本当によかったと思う。今度は、彼が通う塾の先生に彼のことを伝えることになっている。また、つながりの輪が少し大きくなっていく。

第**3**章

学校の組織的な取り組みの実践

後 野 文 雄

1．学校の概要

　平成14年４月に着任した舞鶴市立白糸中学校は、京都府舞鶴市の東部に位置し、日本海に面しており舞鶴湾を見渡せる市街地にある。着任当時、全校生徒数540名、各学年５学級、特別支援学級３学級、計18学級の中規模校で、毎年、生徒数の増減は比較的少なく、ほぼ横ばいの状態が続いていた。校区は広くて、市街地から東端は福井県境まで広がっている。舞鶴湾は見事なリアス式海岸であり、湾の西側の入り江は日本海側屈指の漁港並びに貿易港であり、湾の東側は海上自衛隊の基地となっている。東西の真ん中にそびえる五老ヶ岳（標高301ｍ）からの眺めは近畿百景の第一位に選ばれたほど美しい景色がのぞめ、風光明媚な舞鶴の様子がのぞめる。良港を背景としながら、自衛隊や造船業、硝子製造業を基幹産業として、それに伴う小売業、サービス業の商業を中心とした地域と住宅地域・農業地域からなる本校校区は、景気の影響を受けやすく、時には保護者の生活基盤の不安定さが生徒の成長・発達に深刻な影響を与え、学力的にも生徒指導面でも非常に厳しい状況が長年続いた学校である。

　現在、白糸中学校は、校舎の全面改築を終え、近代的な設備を施し、生

徒は、明るく前向きで学校行事や部活動をはじめとする特別活動がとても盛んな学校である。しかし、ここに至るまでの道のりは決して平坦なものではなかった。

2. 生徒の現状と分析

　これまで幾度となく地域や家庭の不安定さによる学力や生徒指導上の課題が大きくなり、いわゆる関西で言う「しんどい学校」の一つであった。筆者の着任当日、朝、学校に行けば一階の校舎の窓ガラスの多くが割られていた。被害届を警察に出し捜査をした結果、生徒たちだけの「新校長の歓迎会」のセレモニーであることがわかった。深夜に生徒たちが集まり、気持ちが高ぶり手当たり次第にガラスを割ったのである。もちろん許されることではない。生徒、保護者に学校に来てもらい指導を行った。そんなスタートであった。それでも、授業を抜け出し近くの海岸で泳ぐなどの授業エスケープ、注意をすれば一方的に反抗する対教師反抗及び暴力、あるときは注意した教師の顔面を殴り、頬の骨が折れ手術をするということも起こった。生徒間暴力、器物破損では気持ちを抑えきれなくなればガラスを割る、トイレのドアや便器の破壊、さらに喫煙、盗難、窃盗、性的問題などなど、様々な問題が日常的に起こる状態であった。また、下校後も校内に居残り、職員室へ押しかけたり、卒業生と共に自転車置場付近でたむろし、飲食、喫煙がほぼ毎日続き、時には飲酒をした跡も見られた。学校の長い歴史の中で、これまで幾度となく非行の波が押し寄せ、そのたびに荒れの状態を繰り返してきたのであるが、今度こそ一度よくなれば二度と逆行させないという思いを強くもった。

　そんな本校生徒の実態から考えると、学力低下は一様に起こっているのではなく、家庭を取り巻く環境や本人の学習意欲の欠如など、様々な要因が考えられる。その一方で、学力向上で成果を上げている全国各地の学校では、「絆」をキーワードとして取組がなされていることの調査研究報告を知ることにより、本校にも当てはまると考え実践の基本とするべき方向性

として、生徒・家庭（地域）との「絆」を大切にしながら、すべての子ども
を支える教育を推進することを確認した。

3．　どのような学校づくりをするか

　われわれが、学校現場で直面している問題は様々である。通常の学級に
在籍している発達障害の子どもへの支援についても様々な課題を抱えてい
る。一方、障害がなくても支援を要する生徒も在籍している。障害のある
なしに関わらず、すべての生徒を支えるという考えが必要であった。

　2007年4月1日付の文部科学省の「特別支援教育推進について（通知
文)」では、「特別支援教育の理念」について次のように記されている。

　　「特別支援教育は、障害のある幼児児童生徒の自立や社会参加に向け
　た主体的な取組を支援するという視点に立ち、幼児児童生徒一人一人の
　教育的ニーズを把握し、その持てる力を高め、生活や学習上の困難を改
　善又は克服するため、適切な指導及び必要な支援を行うものである。

　　また、特別支援教育は、これまでの特殊教育の対象の障害だけでなく、
　知的な遅れのない発達障害も含めて、特別な支援を必要とする幼児児童
　生徒が在籍する全ての学校において実施されるものである。

　　さらに、特別支援教育は、障害のある幼児児童生徒にとどまらず、障
　害の有無やその他の個々の違いを認識しつつ様々な人々が生き生きと活
　躍できる共生社会の形成の基礎となるものであり、我が国の現在及び将
　来の社会にとって重要な意味を持っている。」

　この「特別支援教育の理念」こそ、本校が求めている基本的な考え方で
あった。したがって、全教職員で、この理念を共通理解し、自校の教育推
進に全力で取り組むことが大切であると考えたのである。そこにはわれわ
れ教師がどのような学校づくりをし、どのような生徒を育てようとしてい
るのかという学校としてのコンセプト（想い）、ビジョン（あるべき像）、
そのためのピラー（取組の柱）を明確にし、教職員全体で具体的な取組を
組織的に進めていくことが必要であるという認識に立った。校長として在

任当時、学校では、学習を中心とした学校生活での課題、生徒のグループ化や部活動などでの友人関係の問題、発達障害の課題、さらには夫婦や経済的な問題を中心とした家庭生活での問題など、様々な課題を抱えて学校全体が殺伐としていた現状があった。そこで、学校としてのあるべき姿を求め、具体的なコンセプトを「楽しくて温かさに充ちた学校」、ビジョンは、楽しい校舎で共に育つという「楽校共育（がっこうきょういく）」とし、取組の柱を「確かな学力の向上」と「健やかな体と豊かな心の育成」を掲げ、生徒が「また、明日も学校に行きたい」「学校は楽しい」と思えるような学校、さらに、生徒が力を合わせて共に成長するというそんな生徒像を描いたのである。

4．組織づくりの経過

（1）学校の秩序づくりと情報の共有化

　学校を変えるためには、基本となる考え方を共通に理解し、ベクトルを束ねて同じ方向を向いて取り組むことが必要である。

　当時、学校では、頻発する個々の事象や生徒一人一人の課題に対して、また、特別な支援を要する子どもたちに対して、教師一人一人は、懸命に対応していたが、学校体制として、取り組むという点では弱さがあった。そこで、「一人一人の教育的ニーズに応える」という特別支援教育の基本理念を踏まえ、「特別支援教育を推進するからといって、特別な子どもだけを支援するというわけにはいかない。発達障害の有無に関わらず、いろんな事情で支援を必要としている子どもはたくさんいる。すべての子どもを支援・指導してこそ学校である」と考えた。それが「教育のユニバーサルデザイン」につながっていくのである。教育のユニバーサル化を推進するためには、まずは学校の秩序づくりと情報の共有化と組織化が大切である。この土台がないままに教育を推進しようとしても、なかなか効果は上がらないのではないかと考えた。そこで、秩序を保つために、ルールの徹底に

も取り組んだ。暴力は絶対ダメだということ、14歳だろうが13歳だろうが、年齢に関係なく暴力を振るうと社会的責任は生じること。学校は社会なのだから責任はとらないといけないこと。社会でダメなことは学校でもダメということを徹底したのである。もちろん当時は保護者の激しい抵抗にあった。夜中の1時に呼び出されることもあれば、教師が子どもを警察に売るとはどういうことだと怒鳴られたこともしばしばあった。しかし、それでも、「教師に手をあげるということは教育の否定！ 折れたらあかん」と、被害届を出す前に保護者には何度も説明をし、ダメなことはダメというルールを徹底させるところから着手し、合わせて、素早く適切な対応や予防の観点から、生徒の情報の共有化を図ったのである。情報の共有化は組織的な動きを作る基本である。情報の共有化がなければ、組織的には動けないのである。情報の共有化と組織化は一体のものである。

（2）「学校経営戦略室」の設置

　教師のベクトルを束ね、生徒指導上の課題克服、発達障害のある生徒への手立てなどを具現化するためには、本校のような困難校では「取組する上での取組」、つまり【戦略】がないと効果は望めないと考えた。そこで、平成16・17年度に「学力向上」で市教育委員会の研究指定を受けたのを機に、校内に校長・教頭・教務主任・特別支援教育コーディネーター・生徒支援加配をメンバーとする「学校経営戦略室」（室長は教務主任）を設置し、一週間の生徒の状況を確認し、教師の動きをどのようにするか、具体的な戦略を一週間単位で検討していったのである。本戦略室は毎週木曜日、戦略室にて約1時間程度戦略会議(通称・作戦会議)を開き、一週間のまとめと次週の教師の動きをどのようにするかという方針を打ち出した。作戦会議のメンバーは一週間の子どもの様子、保護者の状況、地域の出来事など、それぞれが収集した情報を持ち寄り教師の次週の動きを作り上げていく。ここで考えた動きの原案は、次の日の金曜日に教職員全員に伝える。これが金曜日の「週末会議（通称・週会）」である。

（3）週末会議「週会」

　毎週金曜日の放課後約20分間行う「週会」では、生徒の情報を全教職員で共有し、課題を整理しながら、次週の教職員の動きと方針を徹底した。特別支援教育コーディネーターが進行を務め、各学年はもとより、各担当（特別活動、教育相談、特別支援教育や養護教諭など）から、一週間の生徒の様子を出し合い情報を共有するのだ。前日木曜日の作戦会議で出た意見を含め、次の一週間の教師の動きを提案するのである。方針を全教職員に提案し、その週の生徒の様子、次週の取組の重点（学習・生徒指導・特別支援教育・特別活動など）を具体的に示すことで、全員が協力して取り組めるように示した。取組の内容は、全員で取り組めるもの、全員が課題であると認識していることを中心に行うのである。情報を共有することで課題が明確になり、動きが作りやすくなった。

　合い言葉は「全員で動く　ぱっと動く」であった。全員で動くことで生徒は教師が組織的に取り組んでいることが見える。このように、生徒から見て教師の組織的な動きが見えること＝「見える化」も大切である。

（4）毎朝の「スタッフミーティング」

　毎朝、スタッフミーティングを行った。スタッフミーティングでは、戦略室のメンバー（5名）に加えて、学年主任（3名）、養護教諭（1名）合計9名でその日の教師の動きをどのようにするかを、毎朝10分間検討する。例えば、不登校のAさんが、今日10時頃に登校するということが養護教諭から情報提供があれば、「Aさんに対してどのように声をかけるのか」を話し合う。Aさんは時々登校をしているが別室（保健室）登校である。Aさんが登校してきたとき、どの先生と出会うかわからない。出会った先生がAさんに対して

図3-1　スタッフミーティング

「Ａさんおはよう、教室へ行ってがんばっておいで」と言う教師、また別のところで出会った教師は「Ａさんおはよう、保健室行ってがんばろうね」と声をかける。Ａさんは、「教室へ行く？　保健室へ行く？　どうしていいかわからなくなり大変不安になり困った」と言った。教職員みなが同じように応えることは組織ではとても大切なことだ。スタッフミーティングではこのように大切なことはどの教師も同じ応えを返そう、そうすることで子どもたちは安心できる。そう考えたのである。現にＡさんは、同じ応えを返すようになって、「とても楽になった」と言った。

　また、ある時、靴隠しが起こった。いじめ問題と絡んでいるかもしれない。重大な問題であるという認識のもとで、生徒を次の日の朝、一番に体育館に集めて指導をすることとした。毎朝のスタッフミーティングでは、「じゃ、明日、一校時の授業前に全員体育館に集めよう」ということとしたが、ここで終わっていたなら、単なる日程の打ち合わせである。スタッフミーティングは、教師の組織的な動きを作るためのミーティングだ。そこで、生徒を体育館に集めて指導するときの教師の立つ位置をどうするかというところまで話し合った。

　なぜなら今まで多くの場合は、前に立ち指導する先生に対して、多くの教師は後ろで立っているという構図であった。今回、靴隠しが起こり私（校長）が前に立って生徒に向かって指導をすることとなったが、校長は先生皆の思いを踏まえて、代表して指導に当たっているのである。校長が話していることは教師も同じ思いなのだ。でも生徒にはその思いが伝わらない。なぜなら、教師は生徒の後ろに立ち、生徒からは担任はもとより、教師の顔が見えない。教師も生徒の顔が見えない。このような状況の下で校長は教師の思いを代表して言っているのだということが伝わらない。だからこそ教師の立つ位置を考えるのである。この靴隠しの指導の場合は、教師も前に並び生徒の顔がハッキリと見えるようにした。その真ん中で校長が話したのである。そうすると、校長の話していることが、教師も同じ思いなのだということが生徒にも伝わっていく。教師が組織的に動いているということが生徒に見えるのである。このように、「スタッフミーティン

グ」は、単なる日程の確認や打ち合わせではなく、教師がどのように動くかを具体的に示すための打ち合わせ「スタッフミーティング」なのである。毎朝10分間だけ、職員朝礼の始まる直前にもち、「スタッフミーティング」で決まったことを朝のうちに各学年主任が中心となり全教職員に知らせることで、全員が共通の意識をもつようなった。

　このように、教師の動きを通して、教師全体が組織的に動いているということを見える形にしていった。

5.　学習に対する手立て

（1）生徒のニーズに応じた指導を可能に

　まずは校務分掌として「学習環境部」を設置し、学習に取り組むための環境づくりと生徒指導上の課題克服に取り組んだのである。

　合わせて、生徒の実態やニーズに沿った学力向上の取組を展開するための「学習指導部」も設置し、最終的には、保護者・家庭への説明責任を果たしながら、協力要請を打って出ようと、具体的な施策を提案することにした。そのためにP・D・C・Aのサイクルの前に「R」を付け「R・P・D・C・A」とした。「R」はリサーチ、つまり実態調査、実態把握である（図3-2）。特別支援教育の理念にある「……一人一人の実態を把握し……」とあるように、生徒や保護者の願いやニーズを把握しながら、「P」プラン（計画）を「D」実行することが大切と考えた。

　学習面の手立てでは、「朝学習」「とことん学習会」「学習会スペシャル」「個別学習会」「ファイル学習」「夜間学習会」

図3-2　RPDCAサイクル

「訪問学習会」など、様々な学習会を用意した。学習形態を多様にすることで生徒のそれぞれの学力と学習スタイルに応じた取組を可能にしたのである。多くの生徒は、授業をがんばっているが、残念ながら授業に取り組まない生徒もいる。寝ている生徒、私語をしている生徒、何か別のことをしている生徒などなど、教師はその都度注意をしながら学習に取り組むよう促すのだが、なかなか授業に取り組めないのが現実である。そんなとき教師は「私は一生懸命しているが生徒が参加しないのだから仕方がない」というわけにはいかない。生徒が授業に取り組めるように授業改善の工夫が必要だろうが、そう簡単にはいかない。したがって、そんな生徒がいれば、授業以外のところでもいい、どこかで学習に取り組める場を設けることが必要である。授業で取り組めなければ、こんな場面ではどうか、そこでもダメなら、じゃあこんな場面はどうか。それでもダメならこのような場面ではどうか、いろいろと学習の場を用意して、どこかの場では必ず学習に参加できるように学習スタイルをいろいろと用意していくことが必要である。「一人一人の子どものニーズを把握して……」とある特別支援教育の基本理念をしっかりと踏まえて、生徒のニーズに応えていく学習を推進した。

（2）「とことん学習会」

「とことん学習会」は、全校生徒を対象にした学習会である。「とことん」とは，全生徒と全教職員が力を合わせて学習に取り組もうという思いで付けた本校独自の名称だ。当時は月曜日の放課後30分間行った。全生徒が放課後、各学年で用意されたプリントを行う。主に国語・数学・英語などの教科だが、それぞれの教科においてレベルの違った内容（易～難）を用意し自分でプリントを選んで始めていく。私たちはこれを「学習バイキング」と呼んだ。全員が同じプリントをするの

図3-3　とことん学習会

ではなく、それぞれのレベルに合ったプリントを選んで行う。もちろん評価とは切り離しているので、成績に影響するということはない。一年生から三年生までの全員が行うので、教師も全員学級に入り支援を行う。もちろん校長も入る。それぞれの教師がどの教室に入るかというプリントが配られ、各学級2～3名体制で支援に当たる。また、スローガンとして国民に呼びかけている「社会総がかりの教育」（文部科学省）をまず学校が率先して地域に示すこととした。事務、用務など学校にはいろんな立場（職種）の職員がいるが、それぞれの職種に理解を得ながら、一点目は、学校に勤めている者が率先して生徒の取組に対して全員で支援を行う姿勢をもつこととした。特別支援学級に通いたがらなくなる時期に、どうやって個別に指導するかは多くの中学校が抱える課題でもあるが、この「とことん学習会」では全員が自分の理解度に応じたプリントに取り組む仕組みである。つまり、LDやADHDなどがある生徒本人が望めばプリントを拡大したりルビをふるなども可能にし、教師が特に指導が必要と思う生徒には寄り添って指導することも可能になる。二点目は、教え合い・学び合い学習が可能になるという点だ。できる子はわからない子に教える。そのことがわからない子のためにもできる子のためにもなる。よく「できる子は飽きてしまう」という声を聞くが、できる子は他の子どもに教えることによって知識を整理できるので復習になる。

　三点目は、ここでの学習は評価につながらないため、素直に学習に集中

図 3-4　教え合い・学び合い学習

できる点である。評価につながらないからこそ、わからないことはわからないと聞けるし、わかるようになればもっとやりたいと意欲も出てくる。日頃の授業では小学校レベルの問題がわからない生徒が素直に勉強に取り組む場面を作るのは難しいが、この方法だとそれが十分可能になる。また、生徒たちは、教職員全員が組織的に取り組んでいるという姿が、見える形でわかっていった。

(3)「学習会スペシャル」と「夜間学習会」

　「学習会スペシャル」は、同一学年の生徒が全員残る学習会である。この学習会も放課後に行った。学年の生徒全員に対して、担当する教職員は当該学年の教員及び学年に所属していない教員（校長、教頭、教務主任、加配など）で指導・支援に当たった。学習会スペシャルでは、習熟度をある程度加味したグループ編成を行い、当時は数学のプリントを中心に授業形式で行った。学年の教師が各習熟度別のグループに付くが、学年外の教師も各グループに分かれて入り生徒支援を行った。

　また、日中生徒が学校にいる間は学校に来られないという不登校の生徒に対しては、生徒が下校した後、学校に登校して学習をする。それが夜間学習会である（当時は火曜日の午後6時から）。

　訪問学習では、不登校で学校へ来られない生徒や何らかの理由で学校での学習にあまり参加できない生徒については保護者の了解のもとで家庭に伺い、関わりをもちながら少しずつ学習支援を行っていった。

　このように、様々な学習の場を用意して、授業での学習の不足をどこかで補える場面を用意したのである。生徒一人一人の教育的ニーズにできる限り応え、どこかの場面では必ず学習に参加できるように取り組んだ。その積み上げ

図 3-5　習熟度別学習会スペシャル

が結果として授業での学習に参加する意欲につながっていった。

6. 生徒のやる気を引き出すために

　着任当時、生徒のやる気を引き出すために何から着手しなければならないかを模索し、本校の生徒の実態から見て特別活動における部活動の推進・活性化を図るところから始めた。

　生徒一人一人が、いかにやる気をもち学校生活を送るかはとても重要なことである。すぐには学習に対してやる気を出せない生徒も多くいた。しかし、元気で、目標があれば一生懸命に取り組むことのできる生徒も多くいる。そこでまずはじめに、特別活動、特に部活動をしっかりと支援していくところから始めた。学習では、課題が多くなかなか授業についていけない生徒でも部活動の場面では、一生懸命に取り組む生徒も少なくはない。放課後、すべての教師が部活を応援するために、顧問はそれぞれの部へ、顧問でない管理職やその他の教員もそれぞれ場所を決めてすべての部の活動が安心して行えるようにした。それ以前は、部に所属していない一部の生徒が、各部の活動の邪魔をしていたことも多くあった。しかし、そのようなことを許さないために、放課後は職員室に鍵を掛け、全員で部活動の応援をした。教職員全員で応援する姿が生徒の目にとまり、組織で動いているということを感じてくれたように思う。結果、各部の成績もメキメキと上がり様々な大会で優勝や上位に入るようになった。部活動だけでなく、社会体育として様々な習い事をしている生徒に対しても応援をした。学校での部活動、学校外でのスポーツや文化的な習い事など、京都府大会～近畿大会～全国大会などに出場した場合は、出場祝の巨大「垂れ幕」を校舎に掲げることとした。毎年、校舎に懸かる垂れ幕は年間約30本以上にもなったのである。生徒のがんばりが生徒や地域から一目でわかるようにすることで、学校全体の活性化を図った。学力問題、生徒指導上の問題など、多くの厳しい課題を抱えていたが、一生懸命がんばっている生徒も多くいるということが見えてきた。生徒たちの心の中には、学校に対

図 3-6　部活動支援の垂れ幕

する誇りや学校を愛する気持ちなど、スクールアイデンティティーが生まれてきた。地域の方々からもがんばりを評価していただき、少しずつではあるが、学校の応援団として、様々な協力も得られるようになってきた。

　こんなエピソードがある。ある日、校長室で学校教育目標の書いてある「うちわ」を作った。もちろんこれは、私自身が使うためのうちわである。あるとき、生徒がそのうちわを見つけて言った。「校長先生、そのうちわ私にもちょうだい」、私は、エッ！と驚きその生徒に言った。「君たちは、タレントの写真や、キャラクターの描いてあるうちわが欲しいのでは？」すると、生徒は、「その白糸中のうちわが欲しいのです」と言ったので、「じゃ、作ってあげるからいらなくなったうちわを持っておいで」と言ったら、次の日から、休み時間になると校長室の前にうちわを持った生徒の行列ができたのである。教育目標の書いてあるうちわが欲しいなんて、とても想像できなかったが、様々な形で生徒を評価していくと、生徒は、私たちが思っている以上に学校を愛し、やる気を出すということを感じた。卓球で全国大会へ、陸上部が全国大会へ、ウエイトトレーニングしていた陸上部生徒をウエイトリフティングの大会に参加をさせ、全国優勝をしたり、水泳で全国大会へ、少林寺拳法で全国大会へ、空手で全国大会へ、スポーツだけでなく文化面でも、お琴の演奏で全国一位、アナウンサーコンテストで全国大会へ、習字で全国優秀賞などなど、とにかく近畿大会、全

国大会レベルに出場すれば学校の部活動の如何を問わず、巨大な垂れ幕を作って校舎に掲げ、学校中で喜び讃えていくこととした。生徒のがんばり、地域の応援などにより、様々な分野で活躍し、入賞することができたのである。生徒のもっている力を引き出すことも教育の大きな仕事である。生徒は励ましと適切な場を与えていくとわれわれが思っている以上の力を出すのだ。こうした入賞者など、がんばった生徒については、市内大会などでの入賞も含め、毎月一回、体育館で全員の前で表彰式を行い、讃えることとした。もちろん強くなることだけが目標ではない。成績だけでなく、自分たちで考える練習、下級生への指導、試合への参加態度やマナー、校区小学校への指導など、貴重な体験からしか得られない本当の強さを身につけることを重視した。

　こうして、教育目標の書いてあるうちわを持つことが生徒のステータスにまでなっていったように思う。いつしか卒業生までもがそのうちわを手に入れたくて、学校に制作を依頼するようになってきた。また、校舎の落書きなども生徒たちが年度末にペンキ塗り作業を行い、次の年度を美しい状態で迎えるような取組も行えるようになった。学校に対する誇り、学校を愛する気持ちなど、よいかたちが生まれてきたのである。

7.　家庭を巻き込む

　いかにして家庭や地域と学校が連携を推進していくか、言葉では「連携」と一口で言うが、実際に具現化するのは難しいものである。そこではじめに、保護者、地域の人々と学校とが近くて開かれた存在にならなくてはならないと考え、まずは学校へ来ていただこうと考えた。「スタンプラリー」と称して授業参観はもとより、忘れ物を届けに来たときに少し教師と話す、子どもの様子を観るなど、どのようなことでもいいのだ。来られるときに学校に来ていただく。とにかく学校に足を運んでいただければ「来校者証」のシールを渡し、それを胸に貼っていただくのである。これは、不審者対策も兼ねている。シールをためればポイントが付き、学校で

作成したDVD（体育祭、合唱コンクール、文化祭の劇など）がもらえる仕組みになっている。年度のはじめの日程の入った台紙を家庭に配布し、シールをその台紙に貼っていただくのである。台紙を見れば年間の行事などを把握できると

来校者の増加と不審者対策の両立

図3-7　「常に白糸」スタンプラリー

いうメリットもある。その結果、授業参観日での来校者が増加し、ある月の授業参観日では来校者が1,000人を超えたこともあり、多くの人々に参観していただいたことは大きな成果であった。しかし、来校者の数を増やせばよいということだけではなく、家庭との連携という点において大切なことは、まず学校がどのような生徒を育て、どのような方向性をもって教育を進めようとしているのかを生徒はもとより、家庭や地域に理解していただくことである。毎年4月当初、学校では職員会議などで教育目標やめざす生徒像など、全教職員で検討し、共通理解を図るのである。しかし、この想いがどれだけ生徒に伝わっていただろうか。残念ながら当時ほとんど伝わっていなかった。

　ある日、校長室の前を歩いていた3年生の男子グループに「先生たちは、君たちをどんな生徒に育てようとしているか。どう思う？」と尋ねてみた。すると、生徒は一様に「知らん！」と即答したのである。すぐ傍にいた女子生徒にも同様の質問をしたら、「わからん」と答えた。正直、がっかりであった。学校は大きな組織体である。教師、生徒、保護者、地域の方々など、多くの人々の集まりで、その中心にいるのが生徒である。その生徒たちが、わからないと言うのである。われわれがどのような生徒を育てようとしているか、その思いを生徒や家庭にどのようにして伝えようかと考えていたそのとき、たまたま巡回中に特別教室の前で生徒の靴が目に入った。残念ながら靴はバラバラの状態であった。靴ぐらいそろえて欲しいというのが本音であった。授業担当の先生に靴をそろえるように生徒に指示をしてもらった。しばらくたってから靴がそろっていると思って観に行っ

図 3-8　家庭・地域等に配布した
　　　　パンフレット

た。確かに靴はそろっていた。でもそのそろえ方は期待と異なっていた。自分の靴だけ脱いだ場所でそろえていたのだ。「これが今の生徒の現実か」と思った。そこで、共通理解を図るために、学校が目指している生徒像や教育の方向性をわかりやすく解説したパンフレットを作成し、生徒や家庭・地域などに配布をして理解を求めた（図3−8）。写真①では、靴をそろえないのはもちろんダメ。②では、自分はそろえた、自分さえそろえれば……という考えでもダメ。③では、みんなが協力してそろえられること。学校は集団である。社会に出れば当然周りの人々と協力することが大切である。

　そんな生徒になって欲しいという思いを込めた。

①　みんなそろえていないのはもちろんダメ
②　一人一人はそろえていても全体としてバラバラなのは　まだダメ
③　みんなでそろえることを　目指しています。

　このパンフレットは大変好評で、生徒も保護者も「大変わかりやすく、学校の思いがわかった」と言っていただきヒットであった。教師はもとより、生徒、保護者、地域の人々が、学校が目指している方向性を共通認識することが重要であり、そのことをしっかり理解すること、それがベクトルを束ねて同じ方向を向くということにつながった。生徒はもとより家庭や地域の方々からは「わかりやすい」「学校は何をがんばろうとしているのかがよくわかった」などの評価を得ることができ、学校・生徒・家庭・地域が同じ方向で歩むことができるようになり、来校者の増加とともに、学校への理解も高まっていったように感じた。

　また、子どもたちの安全を確保したいというＰＴＡの一致した願いから、校区の安全マップの作成を始めた。中学校、中学校のＰＴＡが中心と

なり、校区の小学校、小・中学校の家庭、地域社会、関係機関などが一体となって校区の「安全マップ」の作成を行った。各家庭や地域の方々からの情報提供、当該警察署との協力などにより安全マップが完成した。学校、家庭、地域社会、関係機関などが共同で行動することにより、よりよいパートナーシップでありたいと考えたのである。行動連携という意味において大変いい取組ができた。また、できあがったマップは、家庭や地域に配布したが、配布だけに終わらず、保健体育の授業での安全教育や地域懇談会での懇談内容に取り上げるなどの活用を行い、保護者と共に危険な場所の確認や危機管理意識を高めるなど、学校と家庭・地域社会の連携を図った。

　この安全マップの作成を機にさらに家庭・地域連携を一層推進するために、家庭連携3点セットとして、学習支援のための「シラバス」、家庭教育の手引き書「とらいあんぐる」、学校のすべてのことがわかるルールブック「ナビゲーション白糸」を作成した。

（1）「シラバス」

　学力の課題や生徒指導上の課題、また、特別支援教育推進上の課題など、学校の責務は重大である。しかし、今や教育は学校だけで行うものではない。学校の責務、家庭の責任などそれぞれが責任分担を明確にしながら、その責任を担っていかなければならない。しっかりとした連携を進めるために、まず、学校がその責任を果たさなくてはならないと考え、平成18年度には、学校の「シラバス」を作成

図3-9　シラバス

し、まずは学校としての授業に対する説明責任を果たすこととした。これは、すべての教師が自分の教える教科について、学ぶ単元、そこから何を学ぶか、評価の対象になるのはどういうことかなどといったことをB4の用紙一枚に細かく書き記したものである。このシラバスを見ればその学期に教師は何を教えるのか、生徒は何を学ぶのか、それがどう点数に結びつくのか、保護者は通知表のどこをどう見ればいいのかがわかる。これまでどちらかといえばブラックボックスになっていた事柄をすべて開示し、誰が見てもわかるようにした。すべての授業において学校として責任をもって取り組むことを明らかにし、全家庭に配布した。

シラバス作成について、教師の抵抗がなかったわけではない。作成の目的など、シラバスそのものについては理解が得られたが、自分が担当する教科について記名式にした点において抵抗のある教師も若干いた。しかし、今どきスーパーなどでも「このお米は○○県××村の□□さん」と表示している。誰が作ったかを明示することは責任の所在を明らかにすることである。これは作物に限ったことでなく教育も同じである。ただし、記名をしたからといって教師の責任にするのではない。担当する教科の授業について教師は、自信と責任をもって授業に当たるのは当然であるが、シラバスは学校として配布している以上、シラバスに関するクレームは、校長もしくは教頭が受けることも教師には伝えた。その結果、全員の教師が記名をした。シラバスを作り発表してから大きく変わったことは、通知表や成績に関するクレームが毎学期数件きていたのが、ピタッと止まったことである。必要な情報を正しく開示することが大切であることがわかった。

シラバス作成の効果
① 生徒の学習を支える。
② 授業改善につながる。
③ 計画的な教育活動につながる。
④ 教師の指導力向上につながる。
⑤ 学校の説明責任を果たす。

（2）家庭教育の手引き書「とらいあんぐる」

　これを踏まえて、平成19年度には家庭学習の手引書「とらいあんぐる」を作成し、これもまた全家庭に配布した。当時、学校では、生徒に学力をはじめとする生きる力を身に付けるために、「教師の指導＝教師の指導力と具体的な実践」、「生徒のやる気＝学習に対するモチベーション」、「家庭の支え＝家庭の教育力」が総合的にバランスよく働いてこそ伸びるものと考えた。生徒の力が伸びない原因を「学校」のせい、「本人」のせい、「家庭」のせいと他のところに求めるのではなく、どれが欠けてもいけないと考え、相互に高め合う実践をしたいと考えたのである。

　学校での授業の内容などは「シラバス」によって家庭に知らせ、家庭を支えるアイテムとして、家庭で取り組んでほしい内容を家庭教育の手引き書「とらいあんぐる」で示した。「とらいあんぐる」とは、学校、生徒、家庭の三者を表すという意図で付けた名前である。内容は、家庭で学習の取組方法や生活実態の改善など多義にわたっている。特に生徒の実態をリサーチして得られた課題などを具体的に示し、課題解決の方途を考えてもらう内容になっている。

　家庭学習の仕方や基本的な生活習慣の確立といった家庭生活のバイブル的要素だけでなく、教師が家庭に切り込むアイテムの一つとして非常に有効であった。

図 3-10　家庭教育の手引き書「とらいあんぐる」

図3-11　学校のルールブック「ナビゲーション白糸」

（3）「ナビゲーション白糸」

　開かれた学校づくりの一環、学校のすべてを知ってもらうための保護者のバイブルでもあるが、教師のバイブルでもある。学校と家庭が同じものを見て話ができた。ナビゲーション作成は内容もさることながら、作り上げていく役割分担の中で、教師側の意思疎通ができ、学校経営に参画しているという意識が芽生え、非常に効果的であったと考える。

8. おわりに

　全校集会で校長が壇上に立つと、教師が何も言わなくてもたちまち静かになる。当たり前のことかもしれないが、以前では考えられないほど落ち着いた状況が見られるようになった。

　学校には、障害があり支援を必要としている子もいれば、障害がなくても支援を必要としている子どもも多い。「すべての子どもを支えてこそ学校である」という考えのもとで「生きる力」の育成のために確かな学力や豊かな心と身体の育成を目指す活動が求められる。しかし、「生きる力」の育成は、学校だけの取組で培われるのではない。教師の指導力と具体的な実

践、生徒のやる気を引き出し学習や学校生活に対するモチベーションの向
上、家庭の支えなどが総合的にバランスよく働いてこそ伸びるものであ
る。力が伸びない原因を「学校のせい」「本人のせい」「家庭のせい」など
と、他のところに求めるのではなく、どれが欠けてもいけないものとし、
お互いが高め合う実践が必要である。そこには、子どもの思いを知り、願
いを受け止めるという子どものよき理解者とし共に生きていくという大人
の姿勢が大切である。

第 4 章

わが子に寄りそって　〜合理的配慮を求めて〜

伊 井 久 恵

1.　気づきと診断

　息子は私にとって初めての子どもで、約2,400グラムと少し小さく生まれましたが、大きな病気もせず成長してくれました。10カ月くらいから私の職場復帰のため、保育所に行くようになりましたが、保育所の先生にはよくマイペースでマイワールドの中で生きている感じと言われていました。その頃から、とても暑がりでシャツや靴下を履くのも嫌がっていました。アスレチックやブロックなどが好きで、普通では思いつかないような使い方をしたり、おもしろい形や感心するようなものをよく熱中して作っていました。絵本も大好きでよく読み聞かせをしていましたが、「自分で読めたら楽しいよ」と言っても、いつまでたっても自分では読もうとしませんでした。

　小学校に入学後、ひらがなやカタカナがなかなか覚えられず心配になり、担任の先生に相談したりもしましたが「大器晩成型の子もいるので、そんなに心配しなくても大丈夫ですよ」と言われ、様子をみることにしました。

　小学校4年生になった頃から習う漢字の量も増え、また毎日のように漢字テストがあったのですが、いつも10問で2〜3点くらいしかとれず放課

後、教室に残って練習するというようなことが続きました。いくら家で練習しても結果はあまり変わらず、とりあえず「半分の5点をめざそう」と頑張ってみましたが、なかなか正確に覚えきれず間違えていました。

　その頃ちょうど特別支援教育が来年度から始まるということで、いろんなところで研修会があり、文字の読み書き障害のことを聞く機会があり、チェックリストなどを試してみると「もしかしたら息子はこれかもしれない！」と思い当たる点がたくさんありました。そこで夏休み前の懇談の時に担任に相談し、スクールカウンセラーに教育相談をしてもらいました。そこでは「もし、気になるようなら一度検査を受けてみては？　その結果、学習障害があればどのように対応していけばいいかまた考えていけばいいし、何もなければそれはそれではっきりするので一度、専門機関で検査を受けてみてはどうか？」と言われ、県の総合リハビリテーションセンターに紹介状を書いてもらいました。夏に予約をしましたが、すでに3カ月待ちで、初めて医師の診察を受けることができたのは10月でした。

　検査の結果は、IQは100以上あるものの読み書きに顕著な困難さがある「読み書き障害（ディスレクシア）」と不注意・衝動性の「ＡＤＨＤ」で、二次的な問題として自信の低下や抑圧的な傾向があるとのことでした。診断の結果を聞いたときは、ショックというよりも「やっぱりそうだったのか」と、理由がわかり安堵の方が大きかったことを覚えています。そう言われてみると思い当たることがあり、うっかりミスがとても多く、忘れ物やなくし物、不注意も多く「何回言ったらわかるの？」とよく言っていたし、本人も困っていただろうに、なかなか改善されないので厳しく注意したこともありました。

　やっと原因がわかり、病院のソーシャルスキルトレーニング（SST）を受けたり、「ことばの教室（通級指導教室）」に週一回通い、本人のレベルに合わせた学習方法やスモールステップでの課題の仕上げ方など、その対応の仕方を教えてもらったりするうちに、今までもなまけていたわけではなく、本人は本人なりにとても真面目に頑張っていたということに気づきました。

書く速さは練習してもあまり改善されないということだったので、今後のことを考えてパソコン入力の練習も始めました。最初はパソコンに慣れるために、ひらがなの文字パレットで入力していましたが、やはりローマ字入力の方が将来的にも使いやすいということで、少し慣れてきた頃にローマ字入力に切り替えました。

　また、診断書や報告書をもとに小学校と話し合いをして、板書や課題の量を減らしてもらったり、テストなどはふりがなや、問題の読み上げなどの支援を受けるようになりました。卒業文集なども、原稿を考えるときは教室のパソコンを利用させてもらって仕上げ、最後の清書だけは、頑張って手書きで書いていました。クラスの友達に「何でパソコンでしてるの？」と聞かれても「俺アホやから字書くの遅いし、この方がやりやすいから」と答えていたようです。

　担任の先生や、支援に入ってくださっていた先生のおかげで、必要な支援を受けていたため困ることもあまりなく過ごすことができ、テストなども漢字テスト以外では、100点を取ることもありました。

2.　中学校での代読

　一番心配していたのは、中学校でやっていけるのかどうかということでした。中学校は小学校までとは違い教科担任制になり、定期試験も小学校までのテストと異なるため、先生方に息子の状態を正しく理解していただけるかどうかがとても不安でした。小学校からの引き継ぎをお願いし、また入学前に中学校の先生と話し合いも持たせていただきました。仕方ないことですが、話を聞いてくださった学校長、特別支援コーディネーター、養護教諭の3人の先生方は皆さん異動されてしまい、入学後また一からの説明とお願いをすることになりました。

　中学校になると思春期ということもあり、だんだん周りの友だちの目も気になりだしたようでした。ある日「俺って障害なん？」と聞いてきたことがあり「障害かといえば、治るわけではないからそうだけど、読み書き

が苦手な特性とも言えるよ」と話したことがありました。ただ、高校生になるまでは具体的な診断名などは言わず、読み書きが苦手で不注意などがあるという症状についてのことだけを話しました。

　初めての定期試験で、一週間前にもらった試験範囲や提出物を書いた一覧表の量は、とても息子にとっては一週間で仕上げられるものではありませんでした。それまでに習ったところのワークはしておくようにと指導があったのかもしれませんが、息子はそんなことはすっかり聞き漏らしていて、たとえ答えを見て写すだけでも無理かも？というような量でした。ただ、「絶対仕上げて出さないといけない」と思いこんでいたため、一週間ほぼ毎日夜遅くまでワークを書き写す作業に追われ、テスト勉強する時間などありませんでした。当然、試験も目が点になるような結果でした。

　本人いわく「気がついたら残り時間５分やった」ということですが、みんな同じ50分あるはずで、ほとんど白紙のような教科や、問題用紙と解答用紙が違うため答えをずれて写してしまい、全部間違いになったりしているものもありました。これではいけないと、本人とも対策の仕方を話し合い、学校へも小学校のときのように、ふりがなか問題の代読をお願いしましたが「みんなと同じように受けてもらわないと、成績のこともあるので、一人だけ代読などは難しい」と言われました。

　それでも、このまま放っておくわけにいかないので、小学校のときに通っていたことばの教室の先生に相談したり、研修会で講師をされていたＫ-ＡＢＣ研究会の先生の教室へトレーニングに通ったり、研修会で相談させていただいた「読み書き相談室 ココロ」で詳しい読み書きの検査をして報告書を作ってもらったりしました。検査の結果、書く速度は１分間に13文字程度で、６年生の平均31文字を大きく下まわり小学１年生のレベルの速度であるということでした。また文字を覚えるところには問題はなく、思いだして選択肢の中から正しく選ぶことはできるのに、文字を自分で書くときには正しく思い出して書けないという文字の形と音との結びつきが弱いこともわかりました。そのため、試験において問題を正しく理解するためには、代読かパソコンでの読み上げやパソコン入力が必要な支援

や配慮になるというものでした。

　中学校でも報告書をもとにいろいろ検討してくださり、前例はありませんでしたが、本人に必要な支援であるなら一度やってみましょうと、1年生3学期の学年末試験で代読の許可がおりました。

　ところが、本人にその話をしたところ「そんなの絶対に嫌や！」と拒否されました。が、せっかくのチャンスなので「試験当日に風邪をひいているときは、保健室などの別室で受けることもあるし、一度だけでいいから試してみたら？」「目の悪い子がメガネをするのと同じように、文字の読み書きが苦手なら、読んでもらえばいいんだよ」と、いろんな先生に励まされたり説得され、「一日だけ」ということで代読で受けることになりました。

　試験当日はみんなが登校した後に、マスクをして直接別室に登校して試験を受けました。私もどうだったのかとドキドキしながら、帰ってきたときに代読の様子を聞きました。「どうやった？」と聞いたところ「まあ、よかったかな。読んでもらったらわかりやすかった。明日も代読してもらうわ」と答えたことに、とても驚いたことを今でも忘れられません。「代読を少し強引にでもやってよかった！」ということと、「あんなに嫌がっていたのに、明日も読んでもらいたいと思うほど問題がわかり、最後の問題までたどりつくことができ、これは息子には必要な支援なんだ」ということを確信できました。いつも困難の中にいる子どもたちにとってはそれが普通で当たり前なので、もっと簡単にできる方法があるということに気がつきません。試して初めてこんなに簡単にできる方法があったのか、ということを知るのだということに、やっと私自身が気づきました。

　目の見えない人が点字で問題を読むように、ディスレクシアの息子にとってみんなと同じように問題にアクセスする方法が代読なのです。決して有利になるためなどではなく、問題が正しく理解できなければ、解答することもできません。試験の結果は合計で70点くらい改善されました。白紙の解答はなくなり、ほぼわかるところは埋められるようになりました。もちろん、それでも漢字間違いや濁点の付け忘れなどで、どの教科でもまだ10点近く落としていましたが。

こうして、それ以後も定期試験のときにはマスクを欠かさずみんなが登校後直接別室に行き、試験の終わりのチャイムとともにみんなに会わないようにすぐ下校していました。学校でも、いつも試験の日に息子がいないことに気がついたクラスメイトが「試験の日、休んでたん？」などと聞かれることもあったようですが、息子は別の話題に変えたりしてごまかしたりしていたようです。そこまでしてでも、やはり代読を希望していることに、本人自身が強く必要性を感じているのだということがよくわかりました。

3.　県立高校入試

　それ以降、定期試験はずっと代読で受けていましたが、3年になったら実力試験が始まりました。実力試験を代読で受けるか、代読なしでみんなと受けるかを中学校と話合いをしました。中学校の先生は「高校入試での代読は今まで前例がないし、実現できないかもしれないので練習のためみんなと受けてみては？」と心配して提案してくださいました。息子いわく「自分で問題を読むと、自分自身の問題を読む機能が衰えているように感じ、また漢字も読めないものがあるので、読んでいても何を問われている問題なのかがわかりづらく、こういうことを聞いているのかなと推測して解いている」ということで、「実力試験も代読してもらう。練習してできるなら代読なんてしてもらってないし、入試でも代読してほしいから」と言い、実力試験も代読で受けることにしました。

　また高校入試においても代読の配慮受験を希望していることを、3年の4月から県教育委員会に相談しました。9月には診断書や報告書などの資料を提出し、なぜ代読をして欲しいのか話を聞いて欲しいとお願いしましたが「保護者や本人などの個人からは、入試の公平性を担保できないので話を聞くことはできない。学校長を通じて話を聞く」ということで、どういう状況で配慮が必要なのかということなどは、直接聞いていただくことはかないませんでした。

そして10月になっても、11月になっても、12月になっても、「まだ検討中ですが、代読は難しい」というお返事しかいただけず、代読の何が難しいのか？　診断書や報告書をどう判断してもらっているのか？　息子に代読は必要ではないと判断されたのか？　何もわからず、ただ待つだけの時間を過ごしました。また「高校に入ったら必要な配慮をしてもらえるよう、できるかぎりバックアップさせていただきます」とのことでしたが、その前の入試で必要な配慮をしてもらえないと、高校には入ることができません。

　このまま待っているだけではただ時間が過ぎるだけで、教育委員会の方に電話をしても取り次いでいただけなかったので、校長先生にアンケート形式の質問状を託したり、電話で話したかった内容を手紙に書いて託したり、代読ありと代読なしの試験結果なども追加資料として提出したりもしました。それでも「まだ最終決定はしていないが、代読は近隣でも前例がないので難しい」とのお返事のままでした。

　代読をしてもらえる場合のテスト対策は、どんどん代読をして問題を解いていくものになりますが、もし代読が無理となると、行を間違えないようにものさしをあてて読む練習をしたり、大切だと思うところを何度も読み返さなくていいように、また探しやすいようにマーカーで色をつけたりする対策をしたりしないといけないので、早く決定して欲しいとのお願いもしましたが、いろいろ検討してくださっていたようで、そのまま年を越してしまいました。

　そして1月も過ぎようとしていたとき、ようやく「代読決定！」との報告をいただきました。まさか、もう無理だとあきらめかけていたときで、それはもう特色選抜試験の2週間前のことでした。「ほんと？　よかった！あきらめないでよかった」と、息子もとても喜んだと同時に「ちゃんと必要な配慮だと認められたんだ」という自信になったようでした。

　そして2月に、代読で県立高校の特色選抜試験を受けました。残念ながら合格できませんでしたが、納得のいくものでした。もし、代読をしてもらえていなかったら「代読してもらえていたら、合格できたかもしれな

い」と、ずっと悔しい思いをしていたと思います。その高校が第一志望だったため、3月の一般試験で再度同じ高校を代読で受験しました。合格発表の当日、息子と一緒に見に行きました。合格の番号が張り出されたのを見て息子は「あかん、ないわ」と言いました。が、数字ばかりがたくさん並んでいる中で、自分の番号が見つけられないだけでした。「よく見て、あそこにあるんじゃない？」と言って、自分で番号を見つけたときは「あった！　ほんまやあったわ。よかった！」と喜び、私も本当にあきらめないでよかったと思いました。

その帰り道、駅まで歩いていたときに息子が「代読してもらえて本当によかった。俺もがんばったけど、何回も話し合いしてくれて、一番がんばったのはお母さんちゃう？　俺、お母さんの子でよかったわ。よくわかってない普通の人の子どもやったら、俺ただのアホな子と思われてたと思う」と。「そんなことないよ、あんたがあきらめずに代読してもらいたいと言ったから、お母さんもお母さんにできるかぎりのことしただけだよ」と言いましたが、今でも心に残っている一番うれしい言葉でした。

4.　DO-ITのスカラー

高校には、駅まで自転車で25分くらいかかり、そこから一時間に一本の電車に乗るため、絶対に乗り遅れることはできませんでした。新学期のうちは何度か駅まで送ったこともありましたが、次第に慣れて体力もついてきたため、夏休み以降は雨の日でも送ることはなく自分で通学していました。

高校には入学後すぐに、センター試験を受けるつもりでパソコン読み上げか代読を希望しているので実績を積み上げていきたいと伝えたところ、可能なかぎり協力すると言ってもらいました。また担任の先生もよく理解してくださって「何も悪いことをしているのではないので、堂々と別室で受けているとみんなに言ったらいい」と励ましてくださったので、中学校のときとは違いクラスのみんなに別室で試験を受けることを公表すること

になりました。試験の時間だけ別室で代読をしてもらい、試験の後はまたクラスに戻ってみんなと過ごせるようになりました。「中学校のときからずっと別室で試験を受けている」と話をしたときもクラスの友達は「そうなんや」と言う程度で特に何も聞かれず、かまえていた息子は拍子抜けしたようでした。

　入試のときに検査をしたり報告書などを作ってくださった教授がディレクターを務めている「DO-IT　JAPAN」（障害や病気のある子どもたちや若者から将来の社会的なリーダーを育て、共にインクルーシブな社会の実現を目指すプロジェクト）というプログラムがあり、高校生スカラーの募集があったため息子に紹介しました。今までは、私も精一杯できることを交渉してきましたが、教授にも「これからのお母さんの役目は、見守ることですね」と言われ、いつまでも私がレールをしいたり困難を先に取り除いていてはいけないと思い、息子が自立して自分の困難とその解消方法をきちんと交渉できるようになっていって欲しいとの思いから応募を勧めました。

　全国から数名の採用ということでしたが、何とかスカラーになることができ夏休みに4日間のプログラムに参加しました。それは、自分自身で夜行高速バスを予約してコンビニでお金を払い、チケットを受け取り当日までなくさずに保管するというところからスタートしました。そんなことも息子にとっては初体験でした。初めて自分一人で東京へ夜行バスに乗って行ったので、親としては大丈夫かとドキドキでしたが息子は「わからなかったら聞けばいいし、どうにかなるよ」と意外と楽観的でした。いろいろ失敗などもあったようですが何とか乗り切り、4日間でずいぶんたくましく成長したように感じました。そこでは自分の障害について説明したり、こうすれば補えるという説明（セルフアドボカシー）や、合理的配慮の求め方なども学んできました。

　その後も、何か困ったことがあると高校生スカラー担当の先生に、高校の定期試験でパソコンを使った読み上げや模擬試験のデータ化とパソコン読み上げ、教科書のデジタル化などについても自分で相談して、高校と交

渉していました。ただ、うっかり忘れるということは相変わらずあったので「この前するって言ってたのは、もうしたの？」と声かけすることはありましたが、基本的には息子本人に任せて、見守ることにしました。

5.　センター試験

　目標であったセンター試験での代読。今まで発達障害で代読の前例はなく、配慮事項の例にもあがっていませんでした。そのため高校の進路担当の先生に「代読は配慮事項に書いてないので難しいと思います」と言われましたが、いつも先頭を歩んでいる息子にとって、前例などあったことがありません。何をするにも初めてのケースと言われ続けていたので息子も私もそのことには慣れており、必要な配慮として今まで積み上げてきた代読の実績こそが財産で、それを否定することなどできないと確信していました。

　8月に申請書類をそろえて提出し、予定では9月には配慮事項が決定して、その結果をうけてセンター試験を受けるかどうか判断できるはずでしたが、またもや「検討中」ということで、10月になっても配慮事項は決まりませんでした。

　そこで、とりあえずセンター試験の受験申請だけを先に行いました。11月の中頃になってやっと「パソコン読み上げは難しいが、英語と国語の漢文以外は、人による代読はできると思います」と高校に連絡がありました。古典は読むと解答につながるところもあるため代読できないのは了承できましたが、英文はなぜ代読できないのか、その理由がわからなかったので「どうして英文は代読できないのか、理由を聞かせて欲しい」とセンターに問い合わせをし、追加資料を提出して回答を待ちました。11月末になってやっと「配慮事項審査結果通知書」が届きました。

　それは、英語も含めた全教科の代読（漢文、英語の発音に関する設問、その他解答に影響のある箇所は代読しない）、1.3倍の時間延長、問題冊子の拡大、チェック解答というものでした。この配慮通知書を参考にして

いただき、私立大学でも受験した2校ともセンター試験と同じように、試験問題の代読、1.3倍の時間延長、問題用紙の拡大で試験を実施してもらえました。息子は「よかった！　これでまた新しい前例をつくることができて、俺と同じような子のために少しは役にたってるかな」と喜んでいました。たくさんの方々に支えてもらい、合理的配慮を受けることができた息子は、いろいろ大変なこともあったけれど、とても恵まれていると思います。

6.　大学生活と将来の夢

　大学では、脳科学（特に記憶の保存の仕組み）について研究したいと小学生のときから言っていたので、心理学部の大学院がある地元の私立大学に行くことになりました。

　大学でも、本人にして欲しい配慮などを聞いてくださり、比較的小規模な大学のためパソコンでノートをとることや、板書を写真でとること、レポートの期限の延長など、できることはいろいろ配慮してもらい、授業の取り方などわからないことは相談にのってもらい、きめ細かく支援してもらいました。

　友達もできて、下宿をしている子の家に数人で遊びに行き、晩ご飯を作って食べたりして、大学生活を楽しんでいるようです。最近の大学は、レポートなどもメールで提出できるため、出し忘れなどが多かった息子にとっては、提出する場所がわからなかったり、持って行ったのに出すのを忘れるということがないのでよかったようです。また、大学は制服もなく教室にはクーラーもあるので、暑がりの息子にとっては自由な服で行けるのも快適なようでした。

　大学生の間に運転免許をとることと、アルバイトをすることが次の目標です。ディスレクシアの息子にとってはどちらもちょっと難しいことだと思いますが、頑張ってチャレンジして欲しいと思います。

　また最近、日本ミツバチの養蜂にも興味をもち、巣箱の作り方を教えて

もらい自分で作っています。大学でもそのサークルを作りたいと考えているようです。いろんなことを大学生のうちに挑戦して、失敗もまたいい経験になるのではないかと思います。

　これからも、息子の前には道はないと思いますが、息子の後には細い道ではあるものの、道があることを誇りに思います。ディスレクシアは、見た目にはわかりづらく会話も普通にできるため、また文字が全く読めない、書けないわけではないけれど、スラスラと読めないし書けないということを、なかなか理解してもらえません。

　銀行に行っても、定期を買うにしても、役場に行っても、いろんな申込用紙を書かなくてはいけません。いつか「ディスレクシアなので、書いてもらえませんか？」と気兼ねなく言え、「そうですか、わかりました」と気軽に代筆してもらえる世の中になればと願っています。

第5章

「いのち」を、何に、どう、使いますか
～内的資源（「知能」や「発達特性」）のすべてを宝に～

井上信子

はじめに

1.　「いのち」の本質と教育方針

　緑の森に囲まれた大学のキャンパスは、個性あふれる学生たちの活気に満ちていた。筆者の専門は臨床心理学（教育相談・カウンセリング）であり、教育学科教員として毎年、小学校から高校までの教師の卵を温めて、「孵化」を見守るのが主な仕事である。

　筆者の教育観の根底に、「障碍の有無を問わず、教育者や養育者が人間を教育するとは、自然から与えられた『いのち』を継続・発展させることである」という考えがある。その上で、筆者の教育の究極の目的は、いのちの流れを通奏低音として感じながら、「いのちを生きる主体を育む」ことである。そのために①いのちの流れを堰き止める「問題」を取り除く。②「内なる目」の育みと環境調整を通して内的資源の開花を促す。③開花した内的資源を生かしつつ、「自由意志」による自己決定を積み重ねる。④いのちから離れず、いのちの実現を優先して「社会との調和」を図る仕方を伝える。⑤問いの自由連想、答えの自由創造により「個人や社会の枠を超え」、深い問いへの誘いにより「いのちの声を聴く」可能性を拓く。

通常、上記①は、カウンセリングセンター等の支援を要請するところであるが、教員の精神的不健康や課題は児童・生徒の成長に好ましくない影響を及ぼす、あるいは、再生産する可能性が高いので、教員養成課程の教員である筆者は通常の授業およびゼミ教育において上記①を実践している。

（1）「いのちの本質」

それでは、いのちの本質とは何か。筆者は、それを「自然」に囲まれた環境と「乳児」の観察を通して以下のように捉えている。

森の中で、巡る季節やすべての生きとし生けるものがそれぞれ役割を持つ生態系を肌で感じると、いのちは本質的に「独自」かつ「多様」で「連続」しており、さらにいのちの成長には「段階」と「適時性」があることがわかる。加えて、生まれて間もない乳児の、這いずり回りながら何でも嘗め回す探索行動、目的物に突進する遂行行動、意思に反する拘束や強制、すなわち「自由」を阻まれたときの泣き叫び、全身をのたうち抵抗する姿からは、いのちには溢れる「好奇心」と「目的志向性」、かつ飽くなき「自由への希求」があると見て取れる。これらは、脳が未熟である時期、人はからだで生きており、からだの現れはいのちそのものの現れと捉える認識である。

これらの自然や乳児からの教えを通じて、筆者は、学生たちに対して「あなたは、自分に与えられた独自のいのちを、何に、どう使いますか」と問いつづけている。具体的には、筆者は学生たちとの対話において「自分の内面深くに降り立って、本当は、本当は、本当はどうしたいのか、と問うてごらん。答えは自分にしかわからない。自分のいのちが本当にしたいことでなければ、貫けない」（井上，2018）。「そうして決めたことに責任をもって進んでいくと、あなたは自分のいのちの主人公になるよ」と、語りかける。さらに「自由意志による主体的な自己決定は、人間の尊厳の核」であり、そうすることで、「各個人の人生における最高の自己実現が可能である」と講義している。

（２）「いのちの実現」のための学問的アプローチ

　筆者は、「いのちの実現」に向けた教育を、「①学生が自分を知り、②自分のいのちを何に、どう使うか（暫定）を決め、③その目標に向かって向上しつづける、この３段階についてそれぞれ支えること」と考えている。その教育実践を方法論化した筆者考案の「臨床心理的教育」（後述）では、③の過程で直面する諸「問題」を解決する際には、学問的アプローチを用いる。学生と教員が知行一致して「問題」の本質を見極める。その過程で学生個人がもって生まれた内的資源や「発達の可塑性・弾力性」（藤永，本書p.11）が最大限に開花、開発するように環境を調整する。筆者は、この一連の営みを「いのちの実現」に向けた教育と研究の統合と考えている。

（３）筆者の「教育方法」
　　　：「about it（問題について）」と「itself（問題そのもの）の統合

　学生が研究を通して「いのちを実現」していく過程は以下のようである。

①　教員である筆者が、学生とともにその学生の内的資源（得意な「知能」「発達特性」など）を見極め（仮説）、本人と共有する。そして得意な内的資源が膨らむように環境を整えて得意に磨きをかけ、エネルギーを高める。同時に、その「得意な内的資源」と「高まったエネルギー」を用いて、本人の以下のような自己実現を支援する。

②　学生は、内的資源の認識を契機に、自らの「いのち」の独自性を掴み、その使い道を模索して自ら定め、それを実践していく上で生ずる「問題」に関して、問題について（about it）知的に理解を深めると同時に、問題そのもの（itself）を我が身に引き受け、逃げずに向き合い生き抜く。その全体を背景に４年間の学びの集大成である卒業論文を完成させる。

③　筆者の専門は教育相談（学校カウンセリング）であるが、それは独立した領域ではなく、教科指導などを含む大きな教育活動の一分野である。そして、あらゆる教育活動は「学生の変容に立ち会う」「いっしょに生きる」という意味において、つねに「臨床」である。「臨床」

とはもともと死に臨む人の傍らに添いながら、残された尊い生をともに生きることを意味したという。わたくしたちのいのちは常時、残された尊い生である。

　学生が自己実現していく過程に、内的資源の開花を阻む「問題」があり、支援が必要な場合、それを取り除く、共存する、利用するために、筆者は学生の求めに応じて「教育相談的（臨床心理的）かかわり」を強化する。あるいは、常に授業やゼミのコミュニティにおける学生相互の教育力や治癒力を重要視するが、その「問題」が重い場合は、意図的にコミュニティへ働きかけ、その機能に重みをもたせる。さらにそれらの両方を行う場合もあり、臨機応変に対応する。

④　学生たちを、絶え間なく「観察」し、得られた情報を「解釈」して、必要があれば、学生の自己実現を促すために「行動」する。

　以上が、筆者の考える「いのちの実現」に向けた「教育」と「研究」の統合の方法である。そして上記①②を学生が実践できるよう応援する営みを「臨床心理的教育」と名づけている。これはすべての学生へのかかわりに共通する大方針であり、筆者はこの実践を重ねて事例的に公表してきた（井上・神田橋，2001，2004；井上編，2014；井上，2018）。本章の「Ⅱ．考察　1．臨床心理的教育」も、この方法でかかわった大学生の具体的ケースである。

　しかし、今、キャンパスには、医学的診断を受けた「発達障害」学生の絶対数が増え、同時に、氾濫する関連情報の中で、それらしき「発達特性」を有するがゆえに、自分は「発達障害ではないか？」と疑い、人知れず苦しみを抱える学生数も増えていると感じる。発達障害は、専門医が厳密な成育歴の聞き取りや検査を行い、症状が社会や生活などで重大な障害を引き起こしている（DSM-5）ことも鑑みた上で、医学的な診断を行うものであるにもかかわらず、である。

　それゆえに、学生たちの苦痛軽減と発達支援のために、筆者が日常行う教育場面での工夫がこれまで以上に必要となった。なぜなら、もし、その

苦痛の内容が事実、発達障碍の「発達特性」であるなら、放置しておくと障害に近づく可能性がある（神田橋, W年）ため、専門的な対応に導き、誤認なら誤認を確認して不安から解放し、内的資源の開花に導くのが教育だからである。

　したがって、本章の守備範囲と目的は以下になる。大学や大学院に在籍しながら、自らの発達障碍らしき「発達特性」により、生きづらさを抱える学生が、自己を知ることで「いま」を充実して生活し、「将来」の難を予防し、さらに「発達特性」をも内的資源として「すべてを活かし」て（神田橋, 2017）、いのちを生き生きと実現していく。その一連の営みへの支援の工夫と方法を読者と共有することである。

　筆者は「発達障碍」と表記する。「障碍」は物事の進行を遅らせたり、妨げたりするものという意味であり、教師である筆者が大学の授業やゼミで対応できるのは発達「不全（disability）」（藤永, 本書p.5）、「発達凸凹」「正常からの偏り」（杉山, 本書p.156）の一部の範囲と考えるからである。もって生まれた「発達障碍」も、発達の速度や道筋が「健常児・者」と異なるが、適切な療育や教育により大きく変容するのを何度も経験してきている。なお、文語、口語を問わず、引用の場合は、原文のまま表記する。

2．　筆者の「知能」観と「発達障碍」観

（1）「知能」観と「発達障碍」観

　「知能」に関しては、米国の認知心理学者ガードナー（Gardner,1999／松村訳, 2001）の「多重知能理論」に拠っている。ガードナーは、「暫定的である」と断った上で、「われわれの知能は一つではなく、七つの並列した知能（言語的、論理数学的、音楽的、身体運動的、空間的、対人的、内省的）からなり、それらはある程度、独立して働くことができ」、それゆえ知能に個人差が出ると考え、それぞれの「知能」の伸ばし方にも言及している。

　本章では、7つの知能の中の、「言語的知能」に秀でた学生のケーススタ

ディを行う。ガードナー（Gardner,1999／松村訳，2001）によれば、「言語的知能」とは「話し言葉と書き言葉への感受性、言語を学ぶ能力、およびある目標を成就するために言語を用いる能力のこと」である。

　つぎに、「発達障碍」に関しては、脳神経科学者である黒田・木村-黒田（2014）の説に依拠している。内外の2000編に及ぶ研究論文を精査した黒田らは、発達障害は脳神経細胞のつながりの不具合であり、つまり「シナプス病」でスペクトラム（連続体）であり、かつ、その原因は遺伝より環境要因が強く、具体的には大気汚染・農薬・魚の水銀による汚染などの複合汚染が大きくかかわっていることを明らかにし、生活環境の改善を提唱している。他にも、睡眠リズム（瀬川，2004a，2004b，2008，2009）、栄養・食事（内山・国光，2020）、運動（レイティ・ヘイガーマン著・野中訳，2009）など、多領域から改善の方法が示されている。また、傳田（2017）によれば、「発達障害は、……正常から重症に至るまで連続的に移行するディメンジョナルな障害」であり、「発達障害の諸特徴は、健常な人たちの中にも多かれ少なかれ潜む特性」なのである。

　久しく複合汚染の世界に晒されているわたくしたち人類は、程度の差こそあれ、みな発達障碍らしき要素を有しつつ連続しており、かつ、発達障碍は人類が生み出した公害が重大な原因であるのだから、人類全体で対処すべき問題である、というのが筆者の考えである。

（2）教育の工夫の観点と目的

　筆者の発達障碍観は、「発達障害は、シナプス病であり」（黒田・木村-黒田，2014）、かつ、人類全員が発達障碍的要素を有するであり、かつ、教師である筆者は、その医学的知識、障害種別、特性、診断の有無を銘記しつつも、目の前の学生の苦しみが軽減し、その内的資源（知能や発達特性）が開花して青天井に伸びつづけること、すなわち、「いのちの実現」に向かうようかかわることが目的である。

　そのためガードナー理論（Gardner,1999／松村訳，2001）のうち、とくに自分自身の特徴（欲望、能力、恐怖など）を理解し、それらの「情報を

自分の生活を統制するために」効果的に用いる「内省的知能」と、「他者の意図や動機づけ、欲求を理解して」他人と上手にかかわる「対人的知能」の育成に力を入れる。さらに自己客観視と自己統制により自己意識を明確にし、問題解決能力を高める「メタ認知」（三宮編，2008）の育成を目指した環境調整を重要視する。筆者はこれを「内なる目」と随時表現する。

3.　本章の構成

　本章では、「Ⅰ.『共鳴する力としての学び』」において、優れた「言語的能力」に恵まれると同時に、合わない視線、ぎこちない身振り、過度の不安などを有する大学院生Aさんの、授業における「自己変革」の物語が記される。「Ⅱ.考察」において、Aさんの変革の過程における「臨床心理的教育」の実際について、「内省的知能」「対人的知能」「メタ認知」の、総合力の育成などに関する工夫について述べる。

　さらに授業コミュニティの「抱え」機能に注目する。コミュニティはそこに至るまでの人生で様々な傷を負ってきた人々がいる。キャンパスも例外ではない。だが、同じようにつらい経験をした学生の中でも、徐々に傷が癒される学生と、卒業に至ってまでトラウマに苛（さいな）まれつづける学生がいる。筆者は、長年、学生とかかわってきて、その分岐点はサークルやゼミなど所属した「コミュニティの特質」にあると感じてきた。そのため、このテーマについて詳述する。

　では、Aさんの世界にふれていこう。

Ⅰ.「共鳴する力としての学び」

1.　Aさん（大学院博士前期課程1年）

　幼き日より、外の世界を恐れ、隠れ場所で息をひそめていた少女が、生

きにくさを抱えながら学問（哲学）を志して大学院に進学し、極度の緊張の中、無意識に導かれるがごとく筆者の『特別支援教育』の講義を受講した。

森の学舎で、大学院生Aさんは、授業コミュニティにおいて長い間願っていた温かな他者関係を得て、発達障碍の社会モデル「ICF（生活機能分類）」に出会い、重大な「自己変革」を遂げた。

以下、Aさんが授業受講終了後に綴った「自己物語」を示す。これは、筆者がAさんに、1年間の「学び」の振り返りを記録し、学びのプロセスを可視化してポートフォリオ^(註1)に残すと、Aさんの知能や資質、発達特性がさらなる飛躍を遂げる可能性が高まると考えて、勧めたものである。以下、文中（p.101〜）の「問い」は、土持（2007）のティーチング・ポートフォリオの質問項目である。

では、大学院生Aさんの「自己物語」^(註2)を味わうところから始めよう。

2.　Aさんの「自己物語」——ラーニング・ポートフォリオ

2012年の2月中旬。特別支援教育について学ぶ大学院の自主ゼミ最終日、一年の学びの締めくくりとなる時間を、私はどこか長雨の過ぎ去った翌朝のような気分で迎えていた。

当初は数名の受講生から始まった講義であるが、回を重ねるにつれ希望者が増え、ついには研究室の椅子が足りなくなるほどの大所帯と化しながらも、そこに満ちるのは圧迫感ではなく常に和やかな調和であった。そんな暖かい空気を「仲間」と共有する日々への愛おしさ、幕引きを見送るに似た寂寥感も確かにあっただろう。けれどより個人的な感慨について述べるならば、この講義の区切りとなる場に居合わせることこそが、ちょうど一年前、入学したての私が抱いたささやかな一大決心の達成を意味していたためである。

忘れもしない、東日本大震災により一カ月近くも遅れてようやく迎えた入学式の日のことである。式典に先立ち、教授および大学院生がオリエンテーションのために集っていた部屋の中、配布資料の『教育発達心理学特論Ⅱ』そして（特別支援教育）という文字にふと目が留まった。が、すぐに受講を諦めかけた。も

ともと大学まで教育哲学・思想史を中心に学んでいた私にとって、特別支援教育という分野は未知なる森であり、それが大学院の講義ともなると極めて高度な知を要求されることは想像に難くない。

　なにより専門的な討論どころか、既知の顔ぶればかりのゼミでただ意見を一言述べるだけで震えるほど動悸が激しくなる私には、よく存じ上げない教授と膝を詰めて言葉を交わす状況が恐ろしく、興味はあるが苦悩するのは明らかだ。およそ自分にはできまい、と言い聞かせるあまり上の空だった頭に、自己紹介のためマイクを司会者から差し出されたのは、そんな時だった。

　同時にさっと集まる部屋中の注視は、極度の緊張家にとって不意打ちにも等しかった。早くも血の気が引いた手でマイクを受け取るあいだ、真っ白になった頭で必死に台詞を考えていたのを覚えている。失敗しないよう、だめな学生だと思われないよう……そうしてやっと絞り出した声だというのに、周囲を見渡す余裕などなかったというのに、口を開きかけた瞬間、私の視線はなぜか意識ごと一点に引き寄せられた。座っていた窓際からもっとも遠いドア側の、対角線で結ばれたひとつの教授席にて、咲くような微笑みが「私」を見守っている。ほんの数秒に満たない一拍の中、確かに両者のまなざしは合い、胸奥に流れ込む何かがあった。揺れていた声はいつしか平衡を取り戻し、気づけば自己紹介を終えて座席に沈む自分自身と、手を見えぬ手に握られ、支えられたかのような心地だけが残されていた。

　目が合ったから、ただそれだけの理由でろくに知らない環境に踏み切る己を、かつての自分ならば諫めていたに違いない。帰宅後にシラバスを広げてやはり途方に暮れながらしかし私の指はいち早く『教育発達心理学特論Ⅱ』（特別支援教育）を登録表に記していた。あの微笑みの主である井上先生の下で学ぶのだと、一切の迷いなく、まるで無意識に導かれるように。

学習の振り返り

この講義から何を学ぶことができたか

　一連の学びを通して強く感じたのは、それぞれが生まれ持つバランスの不安定さゆえに、時に支え合い、時に衝突しながら、それでも人間は集団で生きてゆ

くために作られた存在なのでは、という思いである。発端となったのはテキスト（特別支援教育士資格認定協会編，2007）に掲載されたICFの構造図への感銘である。が、その思いをますます深めてくれた講義中の友人たちとの交流を含めて、ICFについては具体的に後述したい。

どのような状態で（なぜ）学ぶことができたか

　私は幼い頃から外に一歩踏み出すことが怖かった。それは文字通り家の玄関から世界へ、の意味であり、己の心の内側からといった意味でもある。真新しいランドセルを背負い、靴紐もきっちり結んだ準備万端の格好でありながら、朝の玄関先で「休みたい」と母に向かって何度泣いたことだろう。やや悪知恵の回る年齢になれば泣き落としは諦め、代わりに時々図書館に潜んで長い一日をやり過ごすことを覚えた。人目を避けて自習コーナーの片隅、物言わぬ本を相手にしている時だけ、普段抱えている重石から解放される気分になれた。私にとって扉一枚を隔てた世界とは、それほどまでに緊張に満ち溢れた舞台であった。

　たとえば好意や評価を得たいと望む一方で、それを欲するあまり他者のプライベートな感情に土足で踏み込み、結果「あなたはしつこい」と相手にされなくなってしまう人間関係、または失敗すまいと意識するほど手足が硬直し、思うような成功が得られないチャレンジなどである。

　教室でのおしゃべりから、国語の朗読・歌の独唱など学校生活の些細なテストに至るまで、日常のそこかしこに無数に散らばる「自分以外の誰か」のまなざしは、己が価値を測られる物差しであると同時に、成長するにつれて周囲に気に入られようと精一杯ふるまう自分の一挙一動を監視する、己の内なるまなざしともなってゆく。傷つくことも、傷つけることも過剰に恐れる脆い自我が、これら内外の視線にひたすら震えている間はまだいい。他者と出会って心を通わせる交流への渇望と、失敗のたび積もる苦痛がせめぎ合い、澱のような苦痛が胸の大部分を支配するようになった時期から、私は人目どころか他者との深いつながり自体を避ける性格へと育ってしまった。

　そういった気質を抱えるまま大学院に進むにあたって『近代イギリスの家庭教育』という研究テーマを選んだことは、おそらく「社会」ないし「他人」に私

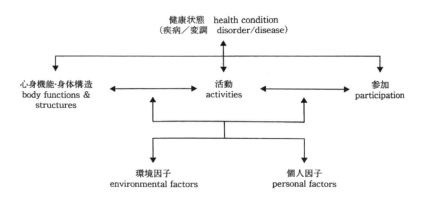

図 5-1 国際生活機能分類（ICF）（特別支援教育士資格認定協会編，2007 より）

が長年向け続けたネガティブなイメージと無関係ではない。

　紆余曲折はありつつも、卒業論文から継続して研究していた18〜20世紀英国の家庭教育、その論争の背後には多くが「家」を子どもの心理的・物理的な保護壁とみなし、対立軸には常に「社会」が彼らの無垢なる善性を損なう悪徳の温床として想定されていた。

　「神は人間を群の中で育てられるようにではなく、家族の中で育てられるように作った」と述べるガスリー、「人間は凝り固まれば固まるほど堕落する」とし『エミール』を著したルソーなど、著名な教育学者の思想を学ぶ中、無理をして登校する必要がないなんて羨ましいなぁ、と単純な憧れを寄せていた傍ら、数百年前の人々もまた感じていた「社会」を生きることの苦しみ——誰しもが自分らしく在りたいと望みながらも、ありふれた日々の出来事にさえ我が身を削り取られるような痛みが、現代の私の中に今なお存在するならば、きっと今後も解決されることはないのだろうと、そう諦観を覚えていた。家庭教育が望めないならば極力人付き合いを避け、失敗の可能性から逃げることが、弱い自我にとって最善なのだと。

　そんな認識を改めるきっかけとなったのが、今回の講義テキストに掲載されていたICFの分類である。

学習者として何をどのように学んだか

　ICF（International Classification of Functioning Disability and Health）とは2001年にWHOがそれまでの国際障害分類（ICIDH）の改訂版として発表した分類であり、その構造はまず「生活機能と障害」「背景因子」という二部門に分かれ、前者は「心身機能・身体構造」と「活動」と「参加」、後者は「環境因子」と「個人因子」から構成される。障害を有することで起きるさまざまな社会的状況を、当人の障害のみに要因を求めるのではなく、人間を取り巻くあらゆる要素を考察に加え、日常生活を送るうえでの制限や制約を多角的に理解しようとする視点、そして各々のニーズに応じた支援を可能とする分類である。

　このICFの構造を図として表記すると、「活動」を中心に各要素がそれぞれ線と線で結ばれ、引き合う矢印がどこか天秤のように見えるだろう（図5-1）。私は最初にそれを目にした瞬間、ベビーベッドの上で揺れる吊り下げ飾りを思い出した。平衡となるようなバランスで重ねられた棒の先に、たくさんの花や星のモチーフが糸で結ばれた飾りである。絶妙な配置をもって均等を保つそれは、ちょんと親の指先が触れるだけで、赤ん坊の息の一吹きで、容易にバランスを崩してしまうが、同様に新たな力が加わっただけで再び安定を取り戻すこともできるのだ。

　ゆらゆらと絶えず揺れる吊り下げ飾りに似たICF構造図には、バランスを崩す原因を本人のみに還元せんとする意識は見当たらない。それは設備やサポート環境、本人の体調や特性など多様な構成要素が絡み合い、互いに影響を与えながらも、ふとした弾みに力加減が変わることでバランスの崩れた己自身のみならず、相手をも快い位置に引き戻せる可能性を持つ。

　各々が儚い平衡を有しつつ、寄り添うことで安定を保ち生きている「社会」の構造を、講義を通して初めて学んだような感覚だった。

この講義は、他の講義の学習やこれからの人生にどのようにつながりがあったか、また、あると思うか

　「人生」という言葉を考える際、思い返してみると過去の自分は「誰か」という存在を滅多に考慮していなかった気がする。他者と深いかかわりを持たずに暮らすということは、苦々しい自己嫌悪や挫折の場から逃れることが叶う一方、裏

側にて ICF の図でいう環境因子、すなわち「誰かの変革にとっての自分」という存在になれる可能性を捨て去っていたのではないだろうか。

　学習への態度も自然とそのような生き方を反映し、知識は己が目標を達成するために蓄積されるべきものであり、多少人より得意な分野があったとしても、平均より劣る部分を逐一反省しては「私って『普通』じゃないんだ」と劣等感を養っていた。

　その能力の凸凹、たとえば書き取りは好きだけれど暗算が苦手、やる気はあるのに計画性がない、といったアンバランスは、人間が生まれながらにして秘めた特性であり、かつて欠点と呼ばれた偏りですら、正しく認知することで己の肯定的な人生・資質の充実のため生かせる武器となりうるのだと感じた。

この講義を楽しむことができたか。それはどのような意味においてか

　頑なに逸脱を恐れ、波風のない生き方にこだわり続けていた私にとって、自分自身の在りようと真正面から向き合う必要があった本講義はときに動揺を伴い、石を投げ込まれる水面のように今までの自己像を揺らされては苦悩することが度々あった。

　しかし発達特性について理解を深め、テキストを介して己を客観視し、整理して捉え直す。その行為を徐々に楽しめるようになったのは、紛れもなくゼミに集った友人たちのおかげである。歓談に花を咲かせ、明るくも真摯に肩を並べて意見を交わせる空気に触れるたび、人間同士が相互に関係しあう「社会」という意味をようやく悟れた心地だった。

この講義をもう一度やり直すとしたら、学習を高めたり、向上したりするために何か違ったことをするか

　『教育発達心理学特論 II』の講義および自主ゼミに臨んだ段階では、まだ教育者としての観点よりも自己を理解したいとの意欲が強かった。この先の人生を送るうえで、幾度となく立ち戻って振り返りたい分野だと思っているが、もし再び最初から学びをやり直すとすれば、今度こそ「他者」という生命のために何が自分にはできるのか、という視点から内容の理解を出発したい。

学ぶとは何か

己の手を引かれ、他者の手を引きながら、共にさらなる進歩のため高みを目指してゆく、人類全体の共鳴行為である。

おわりに

どうしてか気になって堪らないので話したい。そんな理屈抜きの感情だけでクラスへ飛び込んだ。不確かな動機ではあったけれど、ICF構造図への感銘を中心として講義の思い出をたどるうち、オリエンテーションのさなか暖かな微笑みに心を吸い寄せられたこと、そして緊張していた心がその瞬間「支えられた」感覚に包まれたこと、それらを改めて顧みれば、人間同士が支え合う理念に基づく特別支援教育について、私が井上先生のもとで学ぼうと願い立ったのは単なる偶然ではない、必然だったと今にして確信している。

なぜなら不均衡・不安定さゆえにバランスを見失う時があったとしても、自分以外の誰かがふと手を引くことで、崩れかけた平衡を取り戻すことだってできる。意識下でずっと理解したいと希っていた社会の姿、人と人とが寄り添うとは如何なることなのかという思いを喚起させ、同時にこの上ない実感として胸に刻んでくれたのが、あの入学式オリエンテーションにおける一瞬の交流、独り震えていた私を遠くから見守ってくれていた眼差しであったのだから。

井上信子編『対話の調―ゆきめぐる「かかわり」の響き』新曜社, 2014
第六章「共鳴する力としての学び」（pp.153-160）より転載

3．小括

大学院生Aさんは、高い「言語的知能」（Gardner, 1999／松村訳, 2001）を有していたが、対人関係の過度の困難さを抱えていた。

しかし『特別支援教育』の授業を受講し、その過程で自らの世界に「他者」が安心して位置づき、「社会」というものを味わい、生きるのが苦しかった「対人不安」からおよそ解き放たれた。

受講の過程で、Aさんの内的世界に、「……人は集団で生きて行くために

作られた存在なのでは」という思いが芽生え、最終的に「学ぶとは……人類全体の共鳴行為である」という広がりをみせた。

　授業終了後、筆者はＡさんに「学び」の振り返りをポートフォリオとして残すことを勧めた。さらにその「自己の物語」を紙上で語ることを提案した。書き、語ることでＡさんの「言語的知能」が一層、花開き、内省により変容した自己が「輪郭」を持ち、前進する後押しになると考えたからである。空想力豊かで、本が好き、かつて小説を書いていたＡさんは、喜んで自己の物語をつづった。そして、その文章は『対話の調—ゆきめぐる「かかわり」の響き』(井上編，2014) の第六章として結実した。

　詳細な「臨床心理的教育」の方法と工夫は「Ⅱ.考察」で行う。

Ⅱ.考察

　筆者が考案した「臨床心理的教育」によってかかわった大学院生のＡさんを事例的に取り上げ、その「自己物語」から「変革」の過程をたどってきた。

　筆者は、①授業コミュニティメンバーの特質を活かした学びの「安全基地」を作り、その守りの中で、②本例の得意領域である「言語的知能」の開花を促し、③それによって活性化したエネルギーを用いて、本例が、④視線回避、ぎこちなさ、対人不安を縁や宝に変えてすべてを活かし、⑤自らの生きる道を見つけて前進していく、その各段階の環境調整を主として大学院の授業内で行った。

　Ａさんの考察に入る前に、本稿「はじめに　1.『いのち』の本質と教育方針」において理論的に示し、日常的に授業やゼミで実践している「臨床心理的教育」のイメージを読者と共有するために、発達障碍（疑い）対応の工夫をしていない事例を示す。その後、さらなる工夫を必要としたＡさんの事例分析を行う。

1. 「臨床心理的教育」——「いのちの実現」に向けた教育方法

自分自身が好きではない学生の事例を通して、「臨床心理的教育」を説明する。

（1）「いのちの問題」の気づき

ここに、ひとりの学生がいる。その内的資源は、純粋で情感豊か（高いエネルギーレベル）、人の役に立つことがうれしく、子どもが大好き、そして、「やり抜く力」に長けている。本学生は、それらの自己の資源を内省して、「教師」として生きていくと決心した（「いのちの使い道」の決定）。だが、気がかりな特徴がひとつある。ことあるごとに、涙が頬をつたい、止めることができない。理由は本人にも、わからない。

まず、ゼミ内で立ち上げたICT関連の「プロジェクト」において、本例は積極的に苦手を活かして「人の役に立つ」成果を上げ、いのちの問題に向き合うエネルギーを蓄えた。そんなある日、筆者の授業を通じて「自分のことが好きではない」ことに気づき（「自分を知る」）、さらに「自分を受容できないと他者の受容は難しい」という知識を得て（about it：自己受容）、「教師として子どもたち全員を受け入れたいのに、自己受容していない自分にはそれができない」（いのちの実現を阻む「問題」）を認識した。

そこで、卒業論文のテーマを「自己受容」に据えて「研究」（about it：自己受容について）を始める。研究方法として、調査面接を行うとする。筆者はその研究指導をしながら、並行して、学生が「問題（自己受容できない）そのもの」（itself）に「直面」するために、例えば、「自分史」をつづることを提案する。学生は、自らの20年の歴史を振り返り「いつから自分は自分が嫌いになったのか？」と問い、次第に、蓋をしていた悲しい出来事が浮かび上がり、自分の醜い面、弱い面、駄目な面などが炙り出されてくる。そのときゼミコミュニティのメンバーが相談相手になり、授業やゼミにおける当該学生の悲しみに満ちた発表も、ありのまま温かく受け入れる（抱え）。学生は「何を言っても受け入れてくれる。わかってくれる」

という、仲間から深く受容される経験を重ねることで、「安全基地」（Bowlby, 1979/作田監訳, 1981）を確保する。すると、他者に受け入れられたように、そのように自分で自分を認め、許し、「自分はこのままでいい」と思えるようになる。

（2）「いのちの問題」への学問的アプローチ

この時点で、筆者は、自分にとって「重要な他者」（親、兄弟、友人、教師など）から受け入れられてきたか否かが、自己受容のあり様に大きく影響する、さらに「人が自分に接したように、自分が自分自身に接するようになる」という心理学的知識を伝える。あるいは、学生が研究の途上で同様の知識や理論を見つける。新たな知識の入力を契機に学生は「重要な他者」との関係に思いを巡らせ、泣き癖の原因が「かつての友人からの拒否だ」と思い当たる。トラウマになっているのであろう、涙がとめどなく流れて止まらない。泣きながら、さらなる深い内省に向かう。

苦しい洞察（気づき）がつぎつぎに起こり、くじけそうになりながらもゼミコミュニティの「安全基地」（Bowlby, 1979/作田監訳, 1981）の情緒的支えと相互の教育力を頼りにしながら、並行実施している卒論の調査面接を通して、自分より深い苦悩から立ち上がり、自分を見つめ、自分を肯定して自己受容している同世代の存在を知る。そして、「自分だけではないのだ」「こんなに力強く生きられるのだ」「あきらめない」と勇気を得る（itselfとabout itの行き来）。このような経過をたどり、重要な他者となったゼミコミュニティの仲間に情的に受け止められ、同時に筆者と研究的かつ相談的な対話をつづけることで、本学生は自己分析を始める。そこで、内省した一連の出来事が本人の歴史の一部となり、やがて穏やかで確かな「安心感」を得る。すると、自己を「守る」ためにエネルギーを使う必要がなくなり、「自分史」に組み入れた「自分」のあり様を、一段高いところから冷静に見渡す（自己客観視）ことができるようになる。

筆者はずっと本学生の観察をつづけていて、この段階に達したことが察せられたとき、それは「メタ認知」という精神作用であり、メタ認知には、

この「セルフモニタリング（自己客観視）」と、もうひとつ「セルフコントロール（自己制御）」作用がある、という知識を伝え、「自分で自分にやさしくしてね」と、お願いの雰囲気で伝える。その後、本学生が、日常生活の中で、自分で自分を厳しく撥ねつけようとした瞬間に、「あっ、これ、友人がわたしをひどく否定した、あの時の彼女と同じように、わたしは自分を断罪しようとしている」という気づきを得る。そして、「わたしは、あの時の涙をいままでずっと流しつづけているのだ」と洞察する。本学生は、学んだ知識と目の前の状況が合致していることを悟り、「自分で自分にやさしく」してみる。つまり、自発的なセルフコントロール（自己制御）を実践し、「知行の一致」がここに成立する。

「臨床心理的教育」では、知識を整理して体系的に授業で提示するだけでなく、個々の学生の変容の流れに沿って、無知を拓き、「内なる目」を育むために必要な瞬間に必要な言葉や知識を目の前に置き、本人がそれを手に取り、知行一致で生き始めるように誘う。選ばれた「知」が的確なら、学生は自らそれを取り上げて、学び、行動し始める。

（3）「いのちの実現」の出発点に誘う

　このことを繰り返しているうちに、習慣化し、このケースの場合であれば、やがて意識しなくとも「自分が自分にきちんと向かい、やさしく受け入れる」、すなわち「自己受容」が可能になる。まず他者からの受容があり、そのつぎに自分が自分自身を受容する経験を重ねる。すると「自分は自分のままでよい」「これが自分である」と自己受容している自分を認識する。それが、自己意識になる。この自己定義が、自己確立、「いのちの実現」への出発点となる。そうして自分の来た道を振り返り、「自分らしさとは何か？」「そういう自分は何をしたいのか？」「そのための自分の武器は何か？」と、自らの限りある「いのち」の意味を内省し、その使い方を問い始める。

　実は、それだけではない。同じ悲しみをもつ子どもや他者が目の前に来たとき、言葉を介さずにその悲しみを「からだ」でわかる、共感の深い人

になる。「自己受容」と距離を取り「自己受容」について研究した（about it）だけではそれは起こらない。自らの問題として逃げずに向き合い、それそのもの（itself）を悲しみ切ったとき、そうなれる。「あの時のわたしと同じ」と、あの時の呼吸の苦しさ、内臓をえぐられるような悲しみ、得体の知れない不安、痛み、恨み、……など、からだの感覚も心の痛みもすべてが「いま・ここ」に蘇り、その深さで目の前の子どもの悲しみに共感する先生になる。子どもの、言葉にできない想いを掬い取ることができる先生になる。

　本学生は晴れ晴れと、「卒業論文は、生きる原点となりました」と報告し、「いままで自分のことで精いっぱいでしたが、卒論を書き終えて社会に目が向くようになりました」と変容した。さらに例外なく、「あのできごとがあったから、いまのわたしがある（itself）」という言葉が聴こえてくる。過去の出来事の意味が読み変えられ、人生に起きた出来事がいまここで「すべて宝になる」瞬間である。

　そうしてゼミ生は自分らしい「花」を咲かせ、花のいのちが響きあった証を「もう一つの卒業論文」につづって、巣立っていく。

図5-2　もう一つの卒業論文
（ケースと図中の年度は無関係である）

以上が、筆者が日常的に実践している「いのちの実現」に向けた「臨床心理的教育」の一例である。

　つぎに、無意識のメッセージ（「いのちの適時性」）の読み取りのあと、この基本方針の上に、Aさんの発達障碍らしき「発達特性」に向けて加味した工夫をあわせて述べる。

2.　無意識のメッセージ ——成長の準備性と適時性（無意識）を読む

　Aさんは、大学院オリエンテーションで『特別支援教育』という文字にふと目がいった。「自己物語」によれば、Aさんは「特別支援教育は未知の分野で、見知らぬ指導者と言葉を交わすのも恐ろしく……と意識が巡り、諦めた。」にもかかわらず、数時間後には「指」が、受講登録していたという。Aさん自身が物語るように「一切の迷いなく、まるで無意識に導かれるように」わたくしたちは出会ったのである。

　Aさんが長い年月、避けてきた、対人関係の問題に直面する「時」が満ち、「機」が熟したのであろう。聖書にも「天が下のすべての事には季節があり、ことに時があり、すべてのわざには時がある」（『新約聖書』「伝道の書」3:1-22）とある。

　だが、直面化は、見たくないから心の底に押し込めた経験を、取り出して「直視する」作業である。ゆえにそれは、苦悩の道である。そのため、Aさんの無意識は、「伴走者を必要」とし、かつ、「伴走者はどこにいるか」を察知して、筆者の授業に登録し、「いのちの問題」に向き合う準備を整えたのだと考える。

　ちなみに、筆者の師匠による「対話精神療法」（神田橋，1984，1990，1997，2019）には、無意識への絶大な信頼があり、師も筆者も、「無意識からのメッセージを受け取る意識の鋭敏さ、およびその実現力」を、「賢さ」と捉えている。

　こうしてAさんと筆者は、無意識と手を携えて歩きだした。

　その出会いから見ていこう。

3.　はじめての目交（まなかい）

（1）筆者の臨床：共ぶれ

　かかわりの説明の前提として、筆者の話から始めねばならない。筆者は、電車の中で「見知らぬ人」が辛そうに咳き込むと、つぎの瞬間、自分の喉に痰がからんでいる。また、神田橋精神分析医の診察室における治療陪席で、患者の「痛み」が筆者のからだに「写し絵」のように移り来る。師が患者のその身体部位を確認すると、的を射ている（神田橋, X年a）のだが、移り来るものの多くは、「心身一如」、すなわち、こころとからだは連動しているがゆえに、患者のこころの葛藤がからだの症状に転化したものである。そのため、筆者の内界は患者の苦悩で満ち、甚だしく疲労し、臨床実践に支障をきたし、多くのクライエントを見ることができない。臨床家としては致命的であった。しかし、この厄介なしろものは、師によって、「共感」以前の「共ぶれ」という、天性の「臨床の資質」（井上, 2018）として見いだされ、磨きをかけられ、不必要なときには患者の影響を受けないように、自分の内側に「隠れ家」を作ることができるようになった。

　「カラダの歴史はココロよりもアタマよりもはるかに古い。……今こうして書いているコトバなど、カラダに比べれば新参者もいいところだが、……」とは詩人の谷川俊太郎氏の言葉である（三木, 2013）。

　人類は、言語発生以前の太古の昔から、からだで害になるものを感知して避け、益になるものを察知して摂取することで、過酷な地球環境を生き延びてきた。わたくしたちはもっと「からだ」を信頼し、さらに各自、もって生まれたからだの「偏り」を知って生かしていくと豊かさに拓かれるのではないであろうか。

　師の「すべてを活かす」教えから、筆者のこの「共ぶれ」は、久しく教育や心理臨床の実践における「宝刀」として機能している。Aさんとのかかわりにおける、その様子をつぎに具体的に示そう。

（2）Aさんとのはじめての目交

　Aさんとのはじめての目交は、筆者の「からだ」を、出産直後の、盥の産湯につかる赤子のごとくにこわばらせた。Aさんが大学院オリエンテーションで「……ひとつの教授席で咲くような微笑みが『私』を見守っている。ほんの数秒に満たない一拍の中、確かに両者のまなざしは合い、胸奥に流れ込む何かがあった」と感じた、まさにその瞬間、筆者のからだは産まれ落ちたこの世への怖れと不安に脅え、頭頂から足先まで全身が硬直していたのである。

　「（Aさん、）これは生きるの、つらい」と、締め付けられた喉を、声にならぬ声が通ったとき、筆者は、はっと我に返り、意識がAさんの、合わない視線、おどおど、マイクを持つ手の震え、ぎこちない仕草、しかし、挨拶の巧みな言葉たぐりから優れた「言語的知能」を観察した。

（3）Aさんの受講希望を確認

　大学院オリエンテーション時に筆者が感受、観察したAさんの苦悩、およびAさんには専門外である『特別支援教育』の受講希望から、Aさんが自らの生きづらさを「これは一体、何なのか？」「発達障害ではないか？」と疑い、明らかにしたい思いから受講する可能性を推察した。

　実は、大学院オリエンテーション時のAさんの「合わない視線」、おどおど、震え、ぎこちなさ、過度の不安は、自閉スペクトラム症の「発達特性」や特徴と推測されるが、これらは社交不安症（対人不安症）にも見られるものなのである。

　この瞬間から、筆者は、自分のからだに「写し絵」のように移り来るAさんの心身の変容を受け取り、優れた「言語的知能」を最大限に活かしながら、Aさんの「いのちの探究」の旅に、授業担当教師として伴走することになった。

　人間は他者の心の「そのまま」をわかるのは不可能である。それゆえ、人間というものはかような状況に置かれたらこのように思うであろう、とこちらが主観的に想像し、それに沿って大抵は言葉で応答する。だが、想

像には限界があり、そのために相手の真実の「そのまま」とずれが生じる。しかし、そのずれを、相手（学生やクライアント）はこちら（教師やカウンセラー）に言わずに合わせる、という忖度がまま起こる。たとえ忖度せずとも、ずれと感じたものはそのまま残る。かといって、言葉で説明して、ずれを修正しようとしてもなかなか難しい。だが、筆者の場合、相手の「そのまま」が我が身に移り来て、場合によっては写し出される。その「感覚」や「イメージ」から、相手が言葉にできない内容も受け取り、その分、ずれが少ない可能性がある。さらに、いのちが欲する内容が、相手から「引き出される」と感ずる（神田橋, X年b）こともある。つまり、相手の「いのち」が欲する「自由」が、その分、阻害されないのである。

　ゆえに師は、筆者の「これ」を、臨床実践における「宝刀」であると言う。さらに、筆者を「盲導犬」とも言う。言葉のない世界における、からだの揺らぎレベルの「共ぶれ」の意味である。

（4）「抱え（ケア）」

　Aさんの「写し絵」はあまりに儚い赤子であった。はじめての目交の後、その「写し絵」から引き出された、Aさんのいのちが欲するかかわりを、あえて言葉にするなら、その小さな手の平がふわりと開き、だらんと全身の力が抜け、薄目でほんわり盥に浮かぶ赤子を、下支えして包みこむ大きく確かな掌。安心して、深い眠りにつけるような、「慈しみの掌」であった。

　これは臨床心理学の専門用語では「抱え」や「ケア」と言われるものである。ここで大切なのは、「抱え（ケア）」が知的なものではないことである。例えば、赤ん坊が高熱にうなされているとき、寝かせたまま体温を測り、数字を確かめて「だいじょうぶよ」と言葉をかけるのでは赤ん坊は安心感を得られない。しっかりと抱きしめて、おでことおでこをくっつけて、「からだがあっちいね。つらいね。ママが代わってあげたい」と、その母親の、子を思う全身の揺らぎ、すなわちいのちの「共ぶれ」が発する「気」や「温もり」が、子どもの全身の気孔から染み入り、からだ中を満たすことで安心感は得られる。これが「抱え」の基本であると、筆者は考えている。

師によれば、「共ぶれは命あるものどうしの『あいだ』には生じ、『あいだ』に生じるものは『考え・記述』が不可能なれど、それだけが『真なるもの』」である（井上，2018）。

4. 「安心感」の確立に向けた工夫
——Aさんへの「授業初期」の工夫　その1

（1）「抱え」について

　授業が始まった。筆者は、Aさんの、この世への「安心感」獲得のために、以下を行った。

　①「守られた物理的空間」の伝達

　初回授業で筆者は、「（わたくしたちは）鬱蒼とした森、研究室棟の屋根と壁、さらにその中の研究室の箱に守られているね。ありがたい」と「物理的守り」の存在を、Aさんの呼吸のリズムに合わせて届けた。受講生全員が、「はじめて気がついた」という仕草で、首をぐるりと回して研究室の壁や天井を見回した。さらに、筆者は、研究室の窓をオープンにして、木々の緑や花々の彩り、鳥の囀りを受講生みなでしみじみと味わいながら（これは幾度となく繰り返した）、「花と鳥と人、みんな同じいのちを生きている」と筆者が感知した瞬間の衝撃を語った。とくに山全体を覆う森によって、キャンパスが「世間から隔絶された別世界である」という感慨を、Aさんのいのちを司る呼気と吸気の間にそっと投げ入れた。

　おどおどを隠そうとして、隠しきれないAさんに、学ぶ場が幾重にも「守られてある空間」であることを、印象づけるためであった。学生たちからは「都会とは思えない」「森が大好き」「普段、思いもしないけれど、屋根と壁が雨露を凌いでくれてるんですねぇ」という声が返ってきた。このあとも、Aさんのおどおど具合を観察して、必要と判断したときは、言葉を変えて、「だいじょうぶ、だいじょうぶ」をAさんの呼吸の間にそっと投げ入れた。

　そして、帰り道、森の「いのち」たちに、受講生たちの、深い守りと豊

116

かな学びを、お願いした。

　②「声」による抱え

　筆者は、授業によっては、ヴァイオリンの音域でリードするように発声するが、本授業では、終始、チェロの音域の声を響かせて、ゆったりと発声し、すべてを肯定し、静かに感嘆した。

　このように、受講生全員を「低音の声」の掌で包み、深く「安心安全な場」であることを、からだの共震で感じとってもらう工夫を施した(註3)。学生が、自らの内的資源を最大限に発揮できるように図るのが教師の仕事である。そのための「環境づくり」で最も重要なのは、「安心安全」な学習環境を整えることである。教師がどんなに素晴らしい授業を用意しても、次の休み時間にいじめ集団から呼び出されていたら、その児童・生徒・学生は不安に打ちのめされて学ぶことは不可能だからである。

　③「二重の抱え」

　Ａさんが受講した大学院授業『特別支援教育』クラスのメンバー構成は、大学院生Ａさんと、教員志望の学部３・４年生４〜14名であった。

　「写し絵」における赤子の恐怖と怯えは「重い」と判断していた筆者は、「人的な抱え（守り）」を二重にすべく計画した。筆者が、こわばる赤子の「掌」、授業コミュニティの学部生たちが、柔らかい「お包み」、の二重構造である。

　そのため、まずは、初回および学部生の参加が増える度に、不必要に批判的、競争的で、何より、「不躾なまなざし」を人に向ける者はいないかを気にかけた。杞憂であった。学部生全体の雰囲気は、やさしく、温かく、気遣いがあった。そして、みな教職への希望に満ち、積極的で礼儀正しく、分けても「長幼の序」を躾られていることが、Ａさんとメンバーが「ほどよい対人距離」を保つために、また、Ａさんが対人関係の「ほどの良さ」を学習するための良きモデルとして、好都合であった。

（2）学びの「下支え」：評価

　「安心な場」が確認できたあと、筆者は、もうひとつの不安に対処した。

それは、「評価」への不安である。教員志望者は学部生対象の『特別支援教育』を受講し、既有の基礎知識がある。だが、Aさんは教員志望ではないため、この領域の既有知識がほぼないと推察された。そのために脳内の言語処理が遅れ、授業についてくるのが困難になる可能性があった。そうなると「単位を落とすかもしれない」、問いに答えられず「恥をかく」「馬鹿だと思われる」（実に多くの学生が、これらの不安を抱えている）……などとAさんが思う可能性は高いと思われた。

　なぜなら、まず、日本社会が学業成績に高い価値を置くこと、つぎに、大学院という競争的場に身を置いて一層「評価」に敏感であること、さらに、社交不安ならば「評価」への恐れがその最大の原因であること、による。だが、人と目を合わせられないのが、評価の恐れによる「視線恐怖」ならば、所属集団が「評価」の視線のない安心な学びの場になればよいだけである。

　本授業で筆者が成績評価の義務があるのは、大学院生Aさんだけである。そこで、学びの「下支え」として、「成績評価は、授業への積極的な参加とやりぬく力を見る、すなわち『過程』を重視すること」を初回授業で明言した。そして、以下を全員に言い添えた。「評価」に敏感になるのは自然なことである。なぜなら、人間にとって、自分を価値ある存在と思いたいし、そう人にも思われたいという欲求は根源的だからである。実は、自己価値は諦めずにやりぬいたときに確かなものになる。ゆえに筆者は、毎回の「意欲と諦めない」を評価基準とする、と。そして最後に、発表者は、レジュメ（要約）に「専門用語の解説集」を付し、適宜、それを参照して出席者全員の理解を確かめながら発表を進めることをルールとした。

　これらの基本的な学習環境を整えた上で、筆者は、学生たちの主体性を十全に保障するために、寄り道も大いに楽しみながら、「半歩さがって」ついていくことにした。

5．「まなざし」の調整——Ａさんへの「授業初期」の工夫　その２

（１）「まなざしの地獄」

　筆者は、「不躾なまなざし」を向ける学部生をチェックしたと前述した。なぜなら、大学院に進学していることを考慮すると、Ａさんのこの世への恐怖や怯えは、地球からずり落ちるほどの極限の恐怖ではなく、「他者のまなざしや視線」がＡさんのからだに無差別に、矢のように突き刺さる恐怖、すなわち「まなざしの地獄」に晒されている恐怖であろうと捉えたからである。

　つまり、他者のまなざしから、評価、敵意、嫉妬、嫌悪、非難、侮蔑、好奇……を過敏に読み取り、Ａさんの中の恐怖や怯えの情動が喚起され、それを制御できず混乱して震え、怯えているのではないか、と推察したからである。

　Ａさんは、社会に出る前に、その身を置く「社会集団」において、やさしさ、思いやり、温かみ、気遣い、理解、勇気づけ、慈しみの「愛のまなざし」に十分に浸る必要があった。そして本授業コミュニティは、受講生たちの気質から、困ったときに支え合い、受容的で、かつ高めあうことのできる学びの「安全基地」であった。

　この「まなざしの地獄」の推察が的はずれでなかったことは、Ａさんの「自己物語」に証左がある。

　「……日常のそこかしこに無数に散らばる『自分以外の誰か』のまなざしは、己が価値を測られる物差しであると同時に、成長するにつれて周囲に気に入られようと精一杯ふるまう自分の一挙一動を監視する、己の内なるまなざしともなってゆく。傷つくことも、傷つけることも過剰に恐れる脆い自我が、これら内外の視線にひたすら震えている間はまだいい。他者と出会って心を通わせる交流への渇望と、失敗のたび積もる苦痛がせめぎ合い、澱のような苦痛が胸の大部分を支配するようになった時期から、私は人目どころか他者との深いつながり自体を避

ける性格へと育ってしまった。」

（2）得意分野で、「人間の性(さが)に訴える」

　Aさんから移り来た「写し絵」は、Aさんの対人的テーマが重いことを示していた。しかし、Aさんから最後まで教育相談の申し込みはなく、むしろ、終始「孤高な探求者」の雰囲気であった。筆者は、Aさんの高い「言語的知能」、およびそれに伴う「思考力」を駆使して、Aさんが自らの問題を解決するのを「授業」で支援した。つまり、授業コミュニティに働きかけて「守り」を強化しながら、授業の「内容」と「方法」の的確性を高めることに徹したのである。

　Aさんは授業クラスで一人だけの大学院生であった。まず、それだけで学部生から「一目置かれ」た。これは重要である。コミュニティ内の暗黙の地位の高さは自己価値感（自尊心）を高める。集団の下から上がるのはエネルギーがいるが、最初から上に居れば、その地位を維持するだけでいい。さらに「評価のまなざし」から自分を防衛するエネルギーも割く必要がなく、その分、エネルギー的にも、心理的にも余裕をもって問題解決に当たることができる。

　筆者は授業で、「大学では概論は主任教授が担当します。概論にはこのテキスト全体を貫く重要な理論があります。専門は違いますが、研究しておられるAさんに概論担当をお願いしたいのですが」と言い、Aさんと学部生全員の承諾を得た。即座に、学部生たちのまなざしにAさんへの「リスペクト」が加わった。筆者は、「わたくしたちの主任教授は、とてもシャイで繊細な方です」と加えた。

　Aさんは、恥ずかしそうに、いまにもからだごと消え入りそうになり、顔を上げなかった。その瞬間、筆者は、学部生たちを見回した。全員、思いやりに溢れ、情の濃(こま)やかな学生たちであり、かつ、筆者の学部の教職科目授業（「感受性」を引き出すのに絵本を読み聞かせ、真摯な邂逅(かいこう)に導くために「出会いのレッスン」（竹内，2001）を組み込み、他者比較を徹底して排除し、個人の「資質の開花」（神田橋，1997）による「独自性」と「多

様性」を重視する教育）に関心を寄せて、あるいは共鳴して、大学院の授業に集った学部生たちである。「シャイで繊細な方」の一言で、「Aさんに、そっと、大切に触れてね」という筆者の暗黙の想いは通じている、と感じて安堵した。

　ここに教師の強みがある。すなわち、教師（筆者）の一貫した人間観、教育観による授業が各学年に配置されており、学生はその学びを積み重ねてきている。それらが下地となって、人を育む「苗床」のような授業コミュニティが、「あうんの呼吸」で動き始めるという強みである。

　概論担当が決まったとき、Aさんの背骨がしゃんと音を立てた。筆者は、Aさんの背骨の雰囲気に、院生としての「責任」を感じ、リスペクトのまなざしに「応えよう」とするAさんの意思を察知した。期待されれば応えようとするのが「人間の性」である。まして、言語的知能が高く、学問を志し、「研究」という得意分野における能力発揮である。「応えよう」と動機づけられるのは自然なことであろう。

　徹底して得意を活かし、幾度もの成功体験に導き、自信をつけ、エネルギーを高めるのが重要である。人は、成功すると心身ともに充実し、余裕が生まれ、自らの苦手分野を客観視して改善に向かう気概が生まれるからである。すなわち、「メタ認知活性化」の工夫でもある。

　ここでAさんが期待に「応えよう」と思えたのは、得意分野への依頼の前に、「ここは警戒しなくてよさそう」と安心感が芽生えていたことが推測される。やがて終了のチャイムが鳴る頃、Aさんは、俯いて筆記している学部生たちの姿をそっと見回していた。まだ、目は合わせられない。だが、Aさんのからだはいったん緩み、また気が張った。しかし、その「張り」は、「こわばり」ではなく、強い「緊張」であり、頭以外のからだの硬さの「質」が確かに変化していた。

　筆者も、からだの上半身を締め付けていたガードルを緩めたときのような呼吸が可能になった。

　ここで学部生による、Aさんの印象をひとつ紹介しよう。

「初日に、"明日までに覚えてくるように"と宿題が出たことについて、帰り道で『できるかな、緊張する』とどちらからともなく話が出たり、Ａさんが『特別支援とか教職のこと詳しくなくて…』と話してくれたりしたことで、グッと距離が縮まった」（Ｘさん）

　だが、この日、並んで帰ったＸさんとＡさんの目が合うことは、なかった。

6．「対人関係」づくり──Ａさんへの「授業初期」の工夫　その3

（1）「いーれて！」のタイミング合わせ

　他者存在に不安がある場合、集団に「入る」タイミングが難しい。そこに不器用が重なっているときは、他者への警戒が解かれつつある頃、幼稚園の遊び場での、「いーれて！」の学習が重要と考えている。筆者は、Ａさんの目の前で、話に夢中の学部生たちの中に、「なに、なに？　なにごと？」と入っていく仕草や、逆に、学部生の「いーれて！」に、筆者「だめぇ」、学部生「なんでですか？」、筆者「声がかわい過ぎるからぁ（笑）」のように、意地悪を楽しんで遊ぶなどを、日常の文脈で幾度か行った。その後、Ａさんが半身、小集団の端に入り静かに微笑んでいるのを何度か観察した。
　すなわち、「やってみせ、言って聞かせて、させてみせ、ほめてやらねば、人は動かじ」（山本五十六、山本五十六資料館）の応用で、以後、段階を踏みながら場数を踏み、からだでタイミングを覚えてもらうように図った。そして、いつも、どんな些細なことでも「いいとこ探し」をして、小さな変化も見逃さず、Ａさんの「いいところ」を言葉にして伝えつづけた。このことは小さな成功体験の積み重ね以上の意味をもっている。筆者の臨床経験によれば、学生（児童・生徒）は、「先生はこんなに些細なことまで見ていてくれる」「それなら、何かあったらすぐ気づいてくれる」「だからここにいて大丈夫」と思いが流れ、安心感の礎を築くのである。

（2）「する」から「いる」へ

　対人関係が苦手な学生や、いじめられ経験のある学生は、集団参加の始めに、何か集団メンバーの役に立つことを「する」ことで居場所を確保しようと試みることが多い。当初、Ａさんの席を筆者の近くにして、授業資料の印刷をお願いした。すると、つぎからＡさんは印刷係として動き、さらに率先してお茶入れやプリント配布に気を遣っていた。学部生から「先輩、わたしたちがします」などと声をかけられても、それを制止してやっていた。それが、集団になじみ、席も誘われてみなの中に移り、楽しく語り合っているうちに、うっかり「する」のを忘れてしまい、気づくとただ「いる」ことができていた。それは、集団の関係の網の目に、本人がしっかりと位置づいた証拠であると筆者は考えている。

　この時、役割が「確実に必要な役割」であることが重要である。責任ある仕事を任せられると、そこに「行かなければならない」という思いが、恐怖心を抑え、上回り、「とにかく行く」確率が高まり、かつ、役立ち、感謝される度に、「ここに自分は必要なのだ」という思いが居場所感を形成するためである。Ａさんはみなの中に居て、話題沸騰の小集団に、静かに顔を向けてうなずいたり、微笑みながらさり気なく輪の端に居るようになった。

　Ａさんの「いーれて!」は、音声ではなく、まずは、仕草だったのである。まもなく、Ａさんの「言語的知能」の高さは、語彙が豊かなジョークとして花開き、その場をさらう情景も展開された。が、からだはまだ半身のままであった。そしてシャイな人特有のまなざしを話し手に向けるが、そのまなざしはすうっと流れていくことが多かった。

（3）「言語以前の純粋感覚」の蓄積

　本授業は教育内容が多く、毎週の講義だけでは終わらないこともしばしばあり、学生たちはよく自主ゼミを開いた。休み時間にはお菓子を頬ばり、お昼はお弁当を食べながら、真剣に議論していた。休み時間はとくに、談笑の、たあいない会話の中で、Ａさんもみなも「ただ楽しい!」という「言語以前の純粋感覚」（梶田、2022）を味わっているようであった。筆者は、

かなり減少したが、いまだに対人不安が消えないＡさんのからだの中に、この「純粋感覚」が蓄積し、Ａさんが「他者」を快き存在、「場」を心地よきものと実感していくのを、筆者自らのからだが感じていた。

　談笑は遊び感覚でどこまでも話が脱線する雰囲気であった。筆者は、話し手が集中している話題に、Ａさんも注意を払ってついていき、質問したり、答えたり、同意したりして、話題を共有し膨らませているか、という観点を観察した。Ａさんは、口数こそ少ないが気の利いた言葉と時折の共同注視で、楽し気にメンバーたちとつながっていた。

　「議論」としての「知的な」コミュニケーションと、相の異なる「談話」という「情や雰囲気の」コミュニケーション、知的な響き合いと、情的な支え合いがまざりあい、このコミュニティは、時を重ねて、「学びの場における」安全基地へと育っていった。「安全基地」、すなわち困ったときに信じて頼れる拠り所は、誰にとってもあちこちにあるのがよいと考えている。なぜなら、「自立」とは、何が何でも一人で頑張ることではなく、必要なその時々に、必要な人や場所を頼りながら、少しずつ自分の足で大地を踏みしめていくことだからである。

　学部生のＡさんに関する印象を拾う。

　「最初は、とても知的で静かで大人びた印象で、一見近寄り難い感じ。でも、お昼休憩や帰り道の会話を重ねるごとに、最初の印象はどんどん変わり、サークルの先輩のようになった。」（Ｙさん）

　「受講生同士でレジュメ作りの分担決めをしている際に、井上先生が『概論はＡさんのご専門だから』と指名されたこと、時折、先生がＡさんを『お姉さん』『先輩』と呼ばれているのを見聞きし、より一層、私も先輩の専門性やお立場を立てなければと、失礼なきようにと思いました。一方、Ａさんのお茶目な言動に、他の学生が同級生に接するように『Ａさ〜ん！』とツッコミを入れ、そのことで周りやＡさんも笑っているのを見ると、同級生感覚で楽しくかかわる部分もあっていいんだなと思え、楽しい異学年交流ができた。」（Ｚさん）

Aさん自身はどうであったろうか。

いままで「内外の視線にひたすら震えていた」が、「歓談に花を咲かせ、明るくも真摯に肩を並べて意見を交わせる空気に触れるたび、人間同士が相互に関係しあう『社会』という意味をようやく悟れた心地」であった。

筆者は、授業コミュニティメンバーの温かなまなざしやからだから発するやさしい雰囲気が、ほんわりとした膜となり、Aさんのからだを柔らかく保護していると感じていた。

家族や他者やクラスといったコミュニティに、しっかり「抱え（ケア）」られると、多くの人々が日常生活をきちんと送り、かつ、学びや仕事に集中できるようになるのである。

7. 授業「内容」（about it）の工夫

ここでは、学部生による授業の感想を先に拾う。

「専門的な視点、高度な視点、新しい視点が得られて、とても学びが深まり、目から鱗の授業でした。」（Xさん）

「教科書や資料をただなぞるのではなく、その上でのお話や、実践、現場や子どもをイメージできるような内容があると充実感を得られます。今回の『特別支援教育』の授業においては、『特別支援教育×教科指導の視点』が多く、特別支援教育×○○と掛け合わされているのが、新鮮で充実感を得られました。」（Zさん）

（1）わかる「授業」と授業コミュニティの「質」

学部生はみな教員になる夢にまっすぐに向かい、生気に溢れていた。研究室は、学ぶことの楽しさに湧き立ち、「わかる」という実感が受講生の自尊心を高揚させていた。「わかる」自分に価値を感じるからである。自己価値感、すなわち自尊心は「自己実現」の基盤である（Maslow, 1970／小口訳, 1987）。学校現場では知られていることだが、「わかる授業」ができる教師のクラスはいじめがないか、少ない（東原・山本・北見, 2016, 井

上，2018所収）。人間は、本来、知的好奇心に満ちている存在である。みなが学ぶことの喜びに満たされ、他者比較して嫉妬する、いじめる、劣等感や焦燥感に苛まれるなど、負の感情を持つ暇はないからである。「わかる授業」が授業コミュニティの「質」を決める重要な鍵であると考えられよう。

（2）授業「内容」第一の工夫：「ICF（生活機能分類）」理論との出会い

　筆者による授業「内容」の第一の工夫は、「ICF（生活機能分類）」を含む概論の発表を、Ａさんに依頼したことである（他の章の担当は学部生が話し合って決定した）。なぜなら、筆者は「ICF理論」が、Ａさんの「いのちの実現」に向けた「学問研究（about it）」と「問題そのものを生きること（itself）」の結節点であると判断したからである。

　ICFは、「Ａさんの自己物語」にあるので簡略に示すが、従来、障碍は個人に属するマイナスなものと捉えられてきた。しかし、ICF理論は障害とは「活動の制限」と「参加への制限」であると捉え直し、制限なら環境（バリアフリー）や個人（サポート）の調整で変えられる。つまり、障碍理解に最も大切なことは「個々のニーズに応じた支援」を知ることである、と考える（上野・竹田・下司監修，2007）。Ａさんは、自分に障碍があると思い、自分ばかりを責めていたが、捉え方を変えて、みなでプラスを出し合って環境を調整すれば、双方の歩み寄りが可能であることを、高い「言語的能力」を用いて理論的に把捉したのである。

　つまり、「ICF理論」は、障碍は参加が「制限」されている状態であり、そして人はいつでも、やむなくそういう状態になる可能性がある。だから、社会の中で「制限」を理解して、バランスを取りながらみながいっしょに参加し、ともに生きていこうとする考えである。

　Ａさんはそのときの経験を、「各々が儚い平衡を有しつつ、寄り添うことで安定を保ち生きている『社会』の構造を、講義を通して初めて学んだような感覚だった」と記している。

　ICF理論の重要性は、今日、いささかも薄れていない、と筆者は考えている。

こうしてＡさんの中に重大な「変革」が起こった。

　「一連の学びを通して強く感じたのは、それぞれが生まれ持つバランスの不安定さゆえに、時に支え合い、時に衝突しながら、それでも人間は集団で生きてゆくために作られた存在なのでは、という思いである。」

　Ａさんは、特別支援教育の概論を熟読して理解し、ICF理論の神髄「いっしょに生きていく」を摑み、レジュメを作って学部生たちに向けて、「学び」の成果を発表した。その発表は、客観的な研究発表の形を取りながら、言外に、神髄を摑んだ感動をみなに伝えたい「自己を語りたい」雰囲気があった。時折、声が熱を帯びた。「みんな聞いて」と、Ａさんが声にならぬ声でみなに呼びかけた瞬間、Ａさんの孤独な世界の門が他者に向けて開かれ、わたくしたちはその瞬間に立ち会った。そして、わたくしたちは学びの仲間になった。ひとコマの授業の流れの中でＡさんが「いっしょ？」「いっしょみたい」「いっしょでいいみたい」「いっしょに生きていく」と、静かだが確かに変容していくのを感じた。

　ここに、「about it：～について」と「itself：～そのもの」の交差を見る。
　すなわち、この場合のitは特別支援教育のICF理論である。ICF理論について学び「他者といっしょに生きる」という神髄を把捉、それを他者に伝えようとした瞬間に「他者といっしょに生き始めた」という意味である。
　そのことは実は、頭とからだがつながったことも意味している。about itは脳の知的活動だが、itselfは身体活動であり、脳がからだに指令を出して、他者とともにあるための、前のめりになる、語りかける、呼びかける行動を取ったと捉えるのである。「わかる」ということは、「わかりたい」ことへの、学ぶ側の全身での応答であり、内化であると考えられないであろうか。
　この新鮮な知的身体的変容が、「言語的知能」のさらなる開花の起爆剤となり、その後、「自己認識」を形づくる「メタ認知」にＡさんを導き、変容したその自己認識が行動の変容を促していったと思われる。すなわち、

自己客観視と行動制御の二側面により機能するメタ認知作用に「知行一致」の可能性が秘められているのである。

8．　教育「方法」の工夫

方法の基本は以下である。

①　社会構成主義的立場に立脚。学習は社会関係、他者との相互作用の中で起こると考える。

②　発達の最近接領域（ヴィゴツキー）の「問い」の継続的提示。答え・意見・反論を求めることで、学習者の脳に負荷をかけ、既存の脳構造に「小さな崩壊と再生」をもたらすことで新しい能力を獲得しつづけていく（仮説）。

③　「問い」の自由連想と答えの自由創造及び深い問いの投げかけ。学習者も指導者もともに「問い」（答えられない問いも）と答えを自由に創りだすことで想像力、創造力、自己と社会の枠を超える力、「いのちの声」を聴く力を養う。

　具体的には、レジュメによる個人発表→全員の議論→「問い」の提示→「問い」への共同探求の順に進めた。すべての段階において、知識を多く与えず、「問い」を提示して小集団（ペア・グループ）で議論して考え、共有し、フィードバックし、方法・技術を教える、を繰り返す。そして、いつでも「問い」を自由に発掘・発想し、答えを創造し、問いの中に居つづける。

（1）レジュメを用いた「発表」時の観察点
　筆者は、ここまでのＡさんの変容に感動で身を震わせながら、つぎの段階に備えて、4つの観点から、発表しているＡさんを観察した。Ａさんの本講義受講目的に、「自分の生きづらさは何なのだろう？」「発達障碍なのではないか？」という問いがあると察知していたからである。

われわれ教師が、「発達障碍」に関して教育現場ですべきことは、①正確な情報提供、②相談・受診先の案内、③予防、の３つであると筆者は考えている。学生から「自分は発達障碍か」と問われた場合、本人の苦しみが何から来ているのかを明らかにするために、①障碍種別ごとの発達特性に関する「正確な情報」を伝えられること。教師は診断はできないが、②本人の観察データ＋①を根拠に相談・受診先（教員・保健室・スクールカウンセラー・各自治体の相談所・神経内科・診療内科・小児科・精神科）を紹介できること。③当該学生の観察や相談（とくに成育歴・病歴）により、本人が適応から不適応に変化する（発達障碍の発達特性が顕在化する）スイッチが環境の中の「何か」を学生とともに探して伝えること。それにより将来の不適応を防ぐ（予防）可能性を高める、と筆者は考えている。

　Ａさんの当初の様子、すなわち、目が合わない、おどおど、震え、ぎこちなさを示す発達障碍は、自閉スペクトラム症である。そこで上記①②③のために、筆者は以下に関してきめ細かな観察を行った。

　４つの観点
　ⅰ視線回避
　ⅱ他者との共有の自発的希求
　ⅲ共同注視の確認
　ⅳコミュニケーションの成立

　ⅰ視線回避
　Ａさんには、視線を合わせない、そらす行動が多く見られた。しかし授業において、はじめての自分の発表のとき、「ここは重要」という場面になると、目に力が入り、視線をメンバーに向けて「合わせる」というより、正視から少しずらしたところを見つめ、その位置から「そらさない」のを観察した。これは、大きな変容である。強い緊張が見られたが、怯えず、震えず、目は合わないが、そらさなくなっていることが観察された。

ⅱ他者との共有の自発的希求／ⅲ共同注視の確認

　Aさんの発表内容は、高度でレジュメを豊かに膨らませるものであった。ゆえに、いま発表している箇所がレジュメ内のどこか、わからなくなっている様子の学部生がいた。発表者は、周りを見回して、そのことに配慮しながら発表を進めるべきであるが、Aさんにその行動はなかった。緊張によりその余裕がない可能性も考慮して、筆者が途中で、学部生に「ついてきてる？」と確認した。すると、「ちょっと迷子です」「いまどこですか？」との返答があった。

　Aさんは、すぐにレジュメを胸の高さに上げて、当該箇所を学部生に視線を向けて指し示し、以後は、自分から時折、「大丈夫でしょうか？」と、全体を気遣った。筆者には、Aさんの視線が学部生の頭の上を旋回してから、目線の高さに落として見回しているように見えた。また、後日、学部生の発表の際、発表者が指しているレジュメ内の図と関連する箇所が、テキストの別ページにあることを発表者に視線で指し示す行動も見られた。

　以上より「ⅱ共有の自発的希求」「ⅲ共同注視」があることが確認された。付け加えるなら、「ⅲ共同注視」の、前者は、Aさん（自分）が注意を集中している発表内容に学部生（相手）の注意を向けさせる行動であり、後者は、学部生（相手）の注意の内容を理解し、それにAさん（自分）が注意を合わせる行動である。

　また、すべての議論や対話において、Aさんは、タイミングのずれはなく、一方的でもなく、思慮深く、冷静な応答で、「ⅳコミュニケーションが成立」していた。

　ただ、はじめての目交の際に、筆者に移り来た、頭部のこわばりは、まだ、筆者の頭部にしこりのような感覚で残っていた。

（2）協同学習の活用

　本授業では、社会構成主義的に、集団内の相互作用による知の構造化、主体的な価値の創造に重きを置いた。筆者が持つ専門知識を持たざる学生に教え、どれだけ学習できたかを「評価」する方法ではなく、発表や議論

や協同学習を中心に据え、さらにそこから導きだされた「問い」を受講生全員と筆者で追究する方法である。この方法では「他者の存在」が重要となる。授業コミュニティの中で、全員がかかわりながら学び、高め合い「力を合わせれば解決できる、という手応え」（学部生Ｘさんの感想）を得ながら、与えられた時間を「いっしょに生きる」方法である。

これまでＡさんはひとり孤独に哲学的な学びを深めていた。そして、「所属ゼミで意見を一言述べるだけで震えるほど動悸が激しくなり」「失敗しないよう、だめな学生だと思われないよう」にと、「まなざしの地獄」に脅えていた。しかし、本授業においては、授業コミュニティのメンバーで手分けして調べ、その結果を持ち寄って「いっしょに」考え、メンバー全員が、気づき、発見し、推論した内容を発言しあい、説明しあい、比較しあい、確認しあい、質問しあった。受講生全員が澄んだ声と和らいだからだが躍動し、自由に伸び伸びと学んでいた。Ａさんは「ともに学ぶと面白い」と実感したのであろう。誰が何を発言してもサポーティブな仲間の中で、Ａさんは、好奇心に満ち溢れた子どものようにからだごと弾んで、全身でそこに居た。

学部生たちの教育実習やボランティアを通して得た「教育実践経験」や粗削りな「実践知」に、Ａさんは新鮮なまなざしを向けて聴き入り、学部生はＡさんの哲学理論や思考方法に目を輝かせた。Ａさんにとってその場は、自己とは異なる考え方や視点や知識をもつが、比較され、評価され、傷つけられることのない「他者」の存在を、確認する場となったと思われる。

この中で、筆者は、発達障碍・特別支援教育という未知の分野の学徒としてみなとともに学び、同時に、受講者の興味・関心に半歩下がってついていきながら、教師として、学生同士の発言をつなぐ、学生の発言と関係のある教材内容をつなぐ、教科横断的な内容の場合は教科と教科をつなぐなどの役割を受け持った。さらに、議論において、上手に「自己主張する」言い方、自分の得意分野や研究成果の「正当性を述べる」言い方のモデルを示し、「聴く力」だけでなく「聴かせる力」を育てることを図った。

加えて、知的な成長目覚ましい学部生たちが、大いにＡさんのメタ認知

を刺激して、自他を区分する「自己意識」の形成を促す質問を行った。つまり「なぜ、Ａさんはルソーを研究するのですか？ ほかの思想家ではなく」「哲学の方法はどんなのですか？」「特別支援教育の『哲学』と特別支援教育の『実践の哲学』があって……この場合、『思索の哲学』と『実践の哲学』の内容の違いはどういうものですか？」など、Ａさんが議論の中心になり、依って立つ学問の根拠や知識の情報源について考え、答えねばならない機会を学部生が豊かに与えた。Ａさんは「知の相対化」に導かれ、得意分野に関する「メタ認知」が起こり、それはＡさんの「自己認識」に影響を与えたようである。

　学問の専攻分野から自己を客観的に捉えた証左がＡさんの自己物語にある。

　「……大学院に進むにあたって『近代イギリスの家庭教育』という研究テーマを選んだことは、おそらく「社会」ないし「他人」に私が長年向け続けたネガティブなイメージと無関係ではない。……家庭教育が望めないならば極力人付き合いを避け、失敗の可能性から逃げることが、弱い自我にとって最善なのだと。」

　ここでも、about it と itself（it＝対人不安）が交差し、「自己認識」の深化に帰着している。他者関係が上手くいかず人を避けてしまうと、自己を知る機会を失い、自己の内的資源を統合して生活や社会に活かす「内省的能力」が育たないばかりでなく、自己という存在の「輪郭＝自己意識」がないために自他区分が薄く、この世ならぬ存在がドアをすり抜けるように、他者存在の輪郭の中に、するするとすべり込み、入り込み過ぎて、敬遠される事態が起こると推察した。他者の輪郭を「感知」できない可能性もある。したがって、対人関係の改善の鍵は「自己認識」「自他区分」の形成であると考え、自己認識の内容を増やすためにメタ認知を活性化する発問を、筆者も意図的に行っていった。

　さらに、ペア、小グループ、全体、それぞれの学習形態のあちこちで、「〇〇さんはこう考えたから、この結論になったのでは？ どうしてそう考

えましたか?」「(小学校)中学年の9歳の壁の頃、具体の段階の子と抽象の段階の子が混ざって、特別支援の子もいる。これはどう指導案を立てたらいいか?」「わたしは『わかる授業』ができるか不安。教師になっていいかな?」など、学習内容、他者の考え方の推理、学習方略、職業などについて「自己客観視」が起こった。

　筆者は、「(自分に)わかる授業ができるか?」と不安を漏らした学生に、その改善のためにいままでどんな工夫をしたか、つまり対処行動を聞いた。答えに窮している学生に、周囲から、成功した対処法として「徹底した教材研究」やわかるまで何度も、同じ箇所を「説明する」との声が上がり、「自分が理解していないと説明できないので、必死で学ぶから」と付け加えられた。筆者は全員に向けて、何回も説明するとき、毎回、言葉を変えてほしい。なぜなら、人間は言葉で思考し、表現する。つまり、豊かな語彙力が「わかる授業」をする重要な秘訣であると伝えた。加えて、学びの過程で、「問い」を自分で作ることを提案した。小学校から大学受験や大学のレポート課題に至るまで、ひたすら他人が作った「問い」の最適解を求めてきたことが、受け身で非創造的な人間の大量生産の原因と考えている。ゆえに、自分で問いを作り、答えて学習内容を確認することはもとより、答えられない問いも自由に発想しつづけると、枠を超えて認知が広がりひらめきが産まれる、と示唆し、実行した。その後、話を戻して、実践した対処法を成功したものと失敗したものに分けて、成功したものを「授業改善の武器」とすることを勧めた(神田橋, 1997)。

　筆者はしばしば脱線する。にもかかわらず、授業の回を重ねるごとに、全員の思考が広がり、「自己内対話」が深まり、それらをコミュニティメンバーで共有しあって、「知」が磨かれ、「絆」が深まっていった。

(3) ヴィゴツキー：精神「間」機能→精神「内」機能

　学ぶことが好きなAさんは、他者を回避するエネルギーが不要となり、高い「言語的知能」を駆使して、「思想の言葉」と「実践の言葉」が重層的にめぐる議論に全エネルギーを傾注していった。

ヴィゴツキー（柴田・宮坂訳，2015）によれば、「あらゆる高次の精神機能は、子どもの発達において２回現れる。最初は、集団的活動・社会的活動として、すなわち精神間機能として、２回目には個人的活動として、子どもの思考内部の方法として、すなわち精神内機能としてあらわれる」。

　この他者との対話（思考）が、個人の中へ内化するという考えは、大人にも当てはまると考えられる。言葉のレベルで言えば、議論の中でＡさんが用いた抽象語を学部生が学んで使い、具体的イメージの湧く学部生の言葉をＡさんが自分のものにして説明に使うなど、相互に良質な語彙が増え、それに伴って思考も具体から抽象を駆け巡り、滑らかかつスマートになっていった。Ａさんの世界に、他者「存在」が直に入る前に、Ａさんの得意分野である他者の「言葉」が入り込んだ（内化した）ことが、Ａさんにおける他者存在の受け入れという局面の衝撃を和らげたかもしれない。

　学部生は授業コミュニティをどう感じていたであろうか。感想を拾ってみよう。

　「自主ゼミが学びの『共同体』としてひとつになれたのは、章の割り振り方に秘訣があったからだと感じる。将来を見据えて、就きたい教育現場で主として使用される知能検査や指導法を担当したり、これまでの学びを活かせる章を担当したりするように、興味関心に応じた割り振りを行った。それが結果的に、各々の主体性を最大限に引き出し、有意義な発表につながった。また、全員がみなの資質と専門にしたい分野を理解し、先生からの質問に答えられない時があれば、その専門の希望者を軸に休み時間も使って答えを導きだしていった。力を合わせれば解決できる、という手応えが全員の中にあった。特別支援教育に関する高度で膨大な量を、大変な思いをしながら全員でやり遂げたその瞬間、一気に学びの『共同体』が輝き、最終日にそれを記念写真に収めることができた。」（井上編，2014．pp.178-179）

9. 発達障碍らしき「発達特性」への直面化（itself）段階 での工夫

先述したが、筆者の具体的教育方法の核は、学習者の脳に負荷をかける問いを課して、既存の脳構造に「小さな崩壊と再生」を繰り返すことで新しい能力を獲得していくことである（仮説）。これは筋力トレーニングの原理にヒントを得ている。しかし、その負荷の内容が、トラウマや防衛への直面化の場合は、崩壊による「揺れ」が「全身」に及ぶ（仮説）ゆえ（ヴァン・デア・コーク著・柴田訳, 2016）、生活に支障をきたす可能性がある。そのために「崩壊の程度」の調整と「抱え」の強化を工夫するため、きめ細やかな観察を必要とする。

（1）授業者の自己開示

Aさんの観察をつづけてきた筆者は、Aさんが直面化の段階にさしかかったと察し、授業中に自らの発達障碍らしき「発達特性」について自己開示した。筆者には、自閉症スペクトラム症の「発達特性」らしき、こだわり、過度の集中、不器用がある。それらの特性は、筆者に愚鈍な生き方をしいると同時に、長年ひとつの研究テーマにこだわらせ、過度に集中させている。それらすべてが研究者として、教師として、人として生きている。さらに盲導犬のような「過敏な感覚」は臨床家として学生に伴走する際に非常に役立っている。

学部生も、自分たちの「発達特性」について語り、どう生かしていくかいっしょに考えていった。それらはすべて自然から与えられたいのちの特徴であり、筆者の授業を受けた者を、自分は正常で、障碍のある者は異常と見下すような無知蒙昧なまま、社会に出すわけにいかない。それは教員である筆者の重大な使命であると伝えた。Aさんはこの間、自己開示せずに耳を傾け、最後まで「孤独な探求者」を貫いた。その自由意志は全き尊重された。

（２）授業「内容」第二・第三の工夫：「発達特性」の確認、「社交不安」の提示

　授業はつづいた。Ａさんは、「脳と学習」「医療と教育の連携」「心理検査WISC」「アセスメントの解釈」……と学ぶほどに増してくる「発達障碍疑惑」に向き合い（直面化：itself）、精神の震えに耐えながら、高い「言語的知能」と「思考力」を武器としてメタ認知（自己客観視）を重ねて、自己認識を深めていった。

　この頃、筆者は、「ICF理論」につづけて、授業内容に関してふたつの工夫を行った。第二の工夫は、各障害の「発達特性」を「厳密に」確認したこと。第三の工夫は、「社交不安」（対人不安）について触れたことである。

　第二と第三の工夫は連動している。「合わない視線」は、自閉スペクトラム症の場合「発達特性」であり、「かかわりの困難さ」ゆえに他者を避ける「視線回避」であり、対人不安は二次障碍である。他方、「社交不安（対人不安）」症の合わない視線は、「恥をかく恐怖（評価への怯え）」への対処として他者を避ける「視線恐怖」であることを授業した。

　Ａさんは「恥」を感じる場面になると「消え入りそうな姿」になる。なぜ、姿を消したいか。「恥ずかしい、穴があったら入りたい」という言葉があるように、「恥」は、「この身のすべて」が悪い、駄目という思いであり、その結果、「自分ばかりを責める」ことになる。失敗して「恥」をかき、失敗がつづくとまた失敗するのではと予期不安を抱いて、さらに恥をかくのが怖くなり、人前に出られなくなり、やがて、わが身を苛み、引きこもる、と筆者は捉えていた。

　Ａさんは、「ICF理論」との出会いで、「自分ばかりを責める」ことから解放されていた。だが、「いまだに残る生きづらさがどこから来るのか？」を追求する段階にあった。工夫の第二も第三も、Ａさんが「自己を知る」ための情報提示であった。Ａさんは視線を合わせない、合わせられないのは、自閉スペクトラム症の発達特性か、社交不安の「恥（評価）」恐怖か、あるいはその両方か、の問いの答えを見極める局面に立っていたのである。

　大事なことは、自分のあり様を自己客観視し、正確な情報をもとに課題を熟慮し、判断して、よりよい未来を生きるにはどうしたらいいか、を本

人が主体的に考えることである。すなわち、学びの「安全基地」の内で、他者の視線を避けている自分、対人関係が苦手な自分を見つめつつ、それがなぜなのかを分析し、その結果、知りえた内容を「自己意識」の中に組み込み、それを「内省的知能」を用いて生活のために効果的に用い、「対人的知能」を高めて他者の意図を理解し、上手にかかわるために使い、すべてを活かすことである。

Aさんはこの頃の消息を「自己物語」につぎのように綴っている。

「自分自身の在りようと真正面から向き合う必要があった本講義はときに動揺を伴い、石を投げ込まれる水面のように今までの自己像を揺らされては苦悩することが度々あった。しかし、発達特性について理解を深め、テキストを介して己を客観視し、整理して捉え直す。その行為を徐々に楽しめるようになったのは、紛れもなくゼミに集った友人たちのおかげである」。

（3）第四の工夫：「自己受容」

ただひとつ、この段階に至っても、気がかりなことがあった。それは、Aさんが「自分を許せていない」のではないか、すなわち自己受容である。そこで、Aさんに、自分にとって「重要な他者」から受け入れられたか否かが、自己受容のあり様を決める、という心理学的知識について話す機会を作った。すなわち、「親や教師や友人→あなた」かかわりの仕方Bは、「あなた→あなた自身」へのかかわりB′となる。Bのかかわりが厳しければ、同じ質のかかわりになるので、「あなた→あなた自身」へのかかわりB′も厳しくなり、自分を容易には受け入れられない。そのような心理的パターンができて久しいことを説明し、「もう、あなたは、あなた自身にやさしくしてあげてほしい」と、Aさんにそっとお願いをした。

（4）第五の工夫：「水平方向」の学び

Aさんは長い年月、孤独の中で自分自身と向き合い、「垂直方向」に学びを深化させてきた。そこで、筆者は、授業の「学び合い」で学びが横に広

がることに加えて、他の学部生の模擬授業に加勢するなど「水平方向」の学びの機会を提案し、Aさんは参加していった。

　ある時、大切な授業コミュニティの仲間を支援する機会を得たが、Aさんは、修士論文の準備のために重い役割は担えないと断った。Noを言明したのである。Noは、それを言っても「関係が壊れない」という確信がなければ、言えるものではない。この出来事からAさんは、他者との「信頼関係」も得ていたことが明らかになった。

　Aさんは、当初、知性が服を着たような弱々しい秀才の印象であったが、優れた「言語的知能」による度重なる成功が自信になったのであろうか、自己内対話の雰囲気が醸し出す知的な静寂さとともに、からだの「内側」から気力が満ち、他者と自分の「境界」である全身の「皮膚」が張りと厚みを帯びてきた。

　得意の「言語的能力」発揮の場で、「社会との出会い（他者）」と「学習内容との出会い（ICF理論）」が、「社会構成主義の教育方法（他者が重要）」に橋渡しされて、うまく結びついたと考えられよう。

　ボウルビイ（Bowlby, 1979/ 作田監訳, 1981）の言う、求めたら応えてくれるという確信に満ちた情緒的絆、すなわち愛着（安全基地）は、乳幼児期に形成されるが「人間は、どの年齢層においても、何か困難が生じた際に援助してくれる信頼のおける人が自らの背後にひとり以上いるとの確信があるときに、最も幸福であり、かつ能力を最大限に発揮できる」が起こった可能性を考慮してもよいかもしれない。

10.　学ぶとは何か

　Aさんは、最後の問い「学ぶとは何か」に、「己の手を引かれ、他者の手を引きながら、共にさらなる進歩のため高みを目指してゆく、人類全体の共鳴行為である。」と応えていた。

　学習者であるAさんの、「共鳴する力としての学び」と題されたラーニング・ポートフォリオに、他者存在の恐怖に震えながらひとり孤独に学ん

でいたＡさんが、『特別支援教育』受講後、「学ぶとは人類全体の共鳴行為である」という学習観に達したことが記されたのである。

これが、Ａさんの『特別支援教育』受講後の学習観であり、そのラーニング・ポートフォリオの題名は、「共鳴する力としての学び」であった。

ちなみに本章全体が筆者の授業のティーチング・ポートフォリオである。紙幅の関係から筆者の授業改善などに関しては稿を改めて述べる。

11.　社会参加に向けて──「知能」・「発達特性」を活かし、就職する

（1）ＴＡ経験：「言語的知能」の拡充と「対人的知能」の知恵の獲得

Ａさんはこれまで授業コミュニティの中で「他者」とつながり、良好な対人関係をもち、知的に高め合う関係を築いた。しかし、それは大学の授業という「閉じた空間」で、かつ、先輩、後輩関係の余裕ある条件が整った小集団であった。

そこで、筆者はＡさんがまだどこか苦手さを残す「対人関係」の世界を、一般的な条件の下で広げていく課題をＡさんに提案した。Ａさんが喜んで意欲を示したので、まず、この課題に取り組むエネルギーを蓄えるために、Ａさんが得意とする「言語的知能」を駆使して、「言葉（抽象化）の指導」の領域に広げ力量をつけることを図った。

そのため１年間の大学院授業終了後、Ａさんを筆者の研究室所属の私的なＴＡ（ティーチング・アシスタント）に誘った。

ＴＡ業務として、日常的に、書籍の整理、授業の資料作成を頼み、さらに「言葉（抽象化）の指導」として、特別にゼミ生の「卒論指導」の手伝いを依頼する中で、筆者の教育方針をＡさんに随時説明した。①学生の主体性を阻害しないために学生の答えを「待つ」こと、②「沈黙」は思考が熟成している重要な「時」なので指導者側から破らないこと、③諦めずに努力して「やり抜く力」をつけるために、「結果」ではなく努力の「過程」を具体的に褒めること、④「発達の最近接領域」（ヴィゴツキー）(註4)を心

がけ、難し過ぎず、易し過ぎない課題を与えて「思考に負荷をかけ」つづけること、⑤応用力や創造力を育むために、最低限の知識を与えて考えさせ、学生の思考方法を聞き、Ａさんの方法を提示して学生に比較させ、学生がＡさんの方法を習得したい旨の自発の申し出に対応して使えるように図ること、の５点である。Ａさんは「一」聞いて「十」を悟った。

加えて、Ａさんと相談して以下を決めた。その卒論指導は、まずＡさんと学生が１対１で行い、つぎに１対２〜３人と、人数を少しずつ増やしていき、最終的には単発だが20名の自主ゼミ指導を行う。Ａさんは人数が２桁になるとかなりきつそうだったが、俯き加減ながら最後まで必死にやり抜いた。卒論生たちは、Ａさんから丁寧で有効な指導を受け、論文の「謝辞」にＡさんへの「心からの感謝」をつづった。筆者がそれをＡさんに見せると、一瞬、瞳が輝いたが、すぐに「恥ずかしそう」に俯いて、「ゼミ生さんが優秀なんです。がんばったんです」とわたくしと目を合わさずに言った。

だが、結果的に大学生への論文指導が「できた」という成功体験が密かな知的自信となったことが窺え、同時に、対人関係能力が上がったが、その「限界を知る」ことにもなった。この方法は、得意（言語的知能）で成功を積み、それに磨きをかけながらエネルギーを上げ、不得意（対人的知能）にそのエネルギーを用いて底上げしつつ限界を知り、「生活を守る」知恵を得るために計画したものである。

卒論指導のお礼に、筆者はＡさんと食事をともにした。そこで、「あなたが秀れた言語的知能の持ち主でなくても、いっしょに話したいと思ったと思う。人として大切」と伝えた。Ａさんは、一瞬、驚いたようにまっすぐに顔を向け、射貫くような視線を筆者に向けて、目を伏せた。

数日後、筆者はＡさんが帰室するとき、わずかにスキップするような歩みであることを観察した。「評価の呪い」から解放されたのではないだろうか。ゼミ生の卒論指導において「結果」ではなく、努力の「過程」を褒めつづけているうちに、学生は「評価の呪い」から解き放たれていった。そのための言葉を、Ａさんは自分の耳で聞いていたはずである。「評価」という学生が苦しめられてきた呪いをＡさんは解きながら、その言葉が少しず

つ、そうとは知らぬまにAさんに内在化して、Aさん自身もその呪いから解放され始めたように思えたのである。

（2）TA経験：対人関係能力の「広がり」

さらに大学外の「社会人」との接触を提案した。まず、筆者が研究室の来訪者を接待するそばで、Aさんにお茶出しをして対話を聞いてもらった。つぎに同じ来訪者への接待、さらに初対面の来訪者（老若男女、筆者在／不在）に、お茶出しと短時間の対話をお願いした。Aさんの少し堅い笑顔と声のおもてなしは、初々しいと好評だった。筆者がAさんに好評の中身を伝えると、相手が「いい方たちだから、誰についても褒めるんです。きっと」と筆者と目を合わせずに、頬を赤く染めて俯いた。実際の社会的状況では、他者の「意図」や「真意」を濃やかに察して、応対する必要がある。この日、筆者は、目を合わせず俯くのは恥ずかしがりに見えて、その実、時間を無駄にしない賢い対応と感心したものであった。

それから幾日もたたぬうちに、Aさんの会話に、あの授業コミュニティにおける、味わい深い機知やユーモアの言葉遊びが現れ、時に、闊達な笑い声が聞けるようになった。さらに、首をすくめたり、かしげたり、いたずら好きの童女のような仕草も現れた。やがてこれらが、複数人数の意図が交差して作られる「場」で見られ、かつ、見て聞いて感じて五感から人々の対話を吸収している様子が観察されることがあった。さらに、その直後に、「あの時のあの人はこんな気持ちで言ってたと思います。でも、（わたしは）○○しか答えられなかった」と筆者に意見を伝えながら、他者の気持ちの察知にからだがかすかに揺れるのを観察した。他者と自己との「関係」の「メタ認知」に、身体レベルで反応していることから、あたまとからだがつながったと感知した。だが、同時に、その反応は、まだ少しぎこちなく、動きのバランスが取りにくい印象も受けていた。

（3）外見の変容

Aさんはとてもきれいになった。とくに肌が透明な色白になった。それ

を伝えると、照れながらもちゃんと筆者を見て、「自分でワセリンを使って石鹸と化粧水を手作りしているんです。敏感肌なので」と嬉しそうに教えてくれた。その瞬間、筆者は、モナ・リザの透明な肌を連想した。そして、Ａさんが外側から、学部生のお包みに包まれるのではなく、いつのまにか、自分自身の膜で自分を覆っていたのだと気がついて感じ入った。後年、筆者は、NHKの番組で、レオナルド・ダヴィンチは、「モナ・リザ」を含む自分の絵画に、2/100mmの厚さの油を最大15層も重ね塗りして、透明度のある肌に仕上げていたことを知った（NHK, 2019）。

（4）職業探し（社会参加）

　やがて、Ａさんのからだにかすかな「自立」の雰囲気が兆した頃、筆者はＡさんの「世を渡る武器」について話し合いながら、「内省的能力」を強化していった。高い「言語的知能」（文才、優れた思考力、言語による問題解決力、教える力、ユーモアや機知のセンス）、知的で本好き、学ぶことが好き、童女のような愛らしい仕草、さらに一桁の人数での軽い対人関係が楽、……などの「知能」「発達特性」「性格」「趣味」など。これらの「独自性」かつ「多様性」に向く仕事は何かと探し、「自分の内面深くに降り立って、本当は、本当は、と問うてみて。答えは自分にしかわからない。本当にしたいことでなければ、貫けないよ」（井上, 2018）と伝えて、対話していきながら、ふたりで学びが溢れる「図書館」勤務を思いついた。するとＡさんは、自分で求人を見つけて面接に行き、電光石火の速さで「図書館スタッフ」の職を得て、将来的に、「図書館司書資格」を取得する夢を抱き、大学から巣立つことに決めた。筆者は、このＡさんの「実行機能」の決断と行動の鋭敏さに目を見張った。

　「臨床心理的教育」の究極の目的は、いのちの流れを感じながら「いのちを実現」していく「主体」を育むことである。そのために、Ａさんのいのちの流れを堰き止める「社交不安」を取り除き、「内なる目」を育み、内的資源（言語的知能・恥・視線回避）の開花を促して世を渡る武器とした。準備が整ったＡさんは「自由意志」により職業決定し、いのちを実現した。

最後に、Aさんは、自己物語の中で過去の自分を振り返り、「『誰かの変革にとっての自分』という存在になれる可能性を捨て去っていたのではないか」と自ら問い、「今度こそ『他者』という生命のために何が自分にはできるのか、という視点から（特別支援教育の）内容の理解を出発したい。」とつづっていた。

　筆者はAさんの自己物語を所収した『対話の調』を上梓して数年後、その書籍をテキストとして学部講義『自己実現の心理学』を開講した。そこでの受講生3/18名が「Aさんの自己物語」に触発されて、本の中のAさんと対話し、変容を遂げた。その中に、自らも「自己物語」をしたため、三度(みたび)更新し、三度語り、劇的に変容したひとりの学生がいた。その学生は、海外留学を経て、いま、「いのちの使い道」を模索中である。Aさんは、高い言語的知能と真摯に「自己を問う」生き方により、すでに「他者の変革」に大きく寄与しているのである。

（5）別れのとき

　筆者は僭越ながら、以下を伝えた。それは①競争的な場、②評価に晒される場、③親類縁者が多く、行事ごとに席順に悩まされるような場を避けることである。人間関係に疲弊する可能性が高いためである。

　人生は、山あり谷ありで、切れ目なくつながっている。誰にも、もって生まれた「発達特性」があり、それにより物事がうまくいかず、谷に落ち込む傾向があるなら、それが「何か」を知り、それが顕在化しない環境を整え、危機的状況をあらかじめ避けることが肝要である。これを「智慧」とも「予防」ともいう。

　学校において、教師は子どもたちの長い人生を見渡し、「正確な情報提供」「相談・治療先の案内」「予防」、そして、「知能」の得意分野を青天井に伸ばし、「発達特性」をも内的資源に組み込んですべてを活かす「自己実現」への支援を行うことが、いま強く求められていると考える。

　ひとりの聡明なお母様が恩師から「どんな人でもそうだが、誰といつ出会い、どんな機会を得るかだ」という言葉をいただいたと教えてくださっ

た。いつも子どもたちのそばにいる教師はその「誰か」になる高い可能性を秘めている。

　若き日に、偉大な師たちに出会い、過分なお教えと機会をいただいて、自らの「発達特性」も資源として精進し、筆者の「いま」がある。どれほど尊い教えであったことか、数十年後のいまわかる。そんな筆者の夢は、「杜甫の詩」のごとく、畏敬する師たちのような教師にわずかでも近づくことである。

　　　杜甫

　　春夜喜雨　　　　春夜　雨を喜ぶ
　　好雨知時節　　　好雨　時節を知り
　　當春乃發生　　　春に当たりて乃ち発生す
　　　　　　⋮

　　〈和訳〉
　　夕闇の中、音もなく
　　雨は降るべき時節を心得て、
　　春なればこそ降り出して万物をはぐくむ。
　　　　　　⋮

　　　　　　　　　　　（興膳，2009：山口，2011を一部改変）

12.　その後のAさん

（1）数年後：礼儀作法

　Aさんが大学から巣立ち、数年たった頃、一通のメールが届いた。礼儀作法についてであった。以下は、Aさんのメールの抜粋である。

「…例えばお礼状の書き方とか、電話の応答、問い合わせや予約の手順、座る
タイミングやお菓子の出し方、目上の方への言葉遣いひとつとっても、今思えば
井上先生は、わたしを含めて学生にいろんな経験に触れさせて下さったんだな、
と社会に出て気付いたんです。というのも、いまの職場は利用者も同僚も年上の
方ばかりですが、そういった面で『きちんとしてる』と褒めて頂けることが多く
て。在学時代は『まだ学生なんだから、そこまで厳密を求めなくてもいいのに』
とか、ゼミ生が注意されているのを見て『自分が言われたらやだなぁ』と、私も
内心で萎縮していたのですが、そういった経験を積むことで、日常場面における
礼節や、社会のマナーの下地が形成されていたのだと気付きました。ちゃんとし
た『大人』に真正面から礼儀作法を叱ってもらえる、指導してもらえるというの
は、学生時代だけの特権だと実感しておりますので、ぜひぜひ今の学生さんたち
もたくさん叱ってあげて下さい！（笑）」

　筆者は、礼儀を、相手に対する敬意と真心を示す作法であると考えてい
る。人間関係において好感を持たれ、かつ「敬語は他者と程よい距離を保
つ」のに最適な方法である。このことは重要である。豊かな言語能力によ
る気の利いたジョークやシニカルな言い回しさえ、時に他者の世界に入り
込み過ぎることがあり、「両刃の剣」なのである。何事に関しても「ほどの
よさ」を学ぶことは難しい。
　本人も、そのことへの苦悩を「自己物語」につづっていた。

　「……好意や評価を得たいと望む一方で、それを欲するあまり他者のプライ
ベートな感情に土足で踏み込み、結果『あなたはしつこい』と相手にされなく
なってしまう人間関係。」

　ゆえに、あらかじめ適度な距離をとる装置のひとつとして、礼儀作法、
とくに敬語と謙譲語が有効と考え学生に伝えている。

（2）さらに数年後：すべてを活かす

　さらに数年後、Ａさんに久々に会う機会があった。そのたたずまいは、有能で機知に富むが、伏し目がちでシャイで控えめ、そして礼儀正しい、日本社会で好感がもたれるひとりの女性であった。

　「伏し目がちでシャイで控えめ」は変容した「視線恐怖・恥・社交不安」、ほどよい距離を保つ礼儀作法、話せば薫る知性……。Ａさんは、すべてを活かして「いま」を生きていた。そういえば、「自己物語」にはこう綴られていた。

　「……平均より劣る部分を逐一反省しては『私って「普通」じゃないんだ』と劣等感を養っていた。その能力の凸凹、たとえば書き取りは好きだけれど暗算が苦手、やる気はあるのに計画性がない、といったアンバランスは、人間が生まれながらにして秘めた特性であり、かつて欠点と呼ばれた偏りですら、正しく認知することで己の肯定的な人生・資質の充実のため生かせる武器となりうるのだと感じた。」

（3）そのまたさらに数年後：あの頃のＡさんは、いまどうしてますか？

　筆者の３つの問いに対して、Ａさんは以下を返してくれた。

１．「他者と接したり、社会に出るのが不安だったあの頃のあなたは、いまどうしているようですか？」

　現在、「職場の人間関係がすこぶるよく出勤するのが楽しみ」で不安を抱くことがなくなりました。また目前の仕事をこなすのが精一杯で、「いちいち自分のことでナイーブになってられるか！」的な、違う意味で無神経さが身についた気がいたします（笑）。今でもふと過去の辛いこと、悲しかった瞬間を拾い上げて苦痛を覚えることも稀にありますが、ほんの十年前の自分だったら「なんて私は弱かったんだろう」「もう少し頑張れなかったの？」と軽蔑的に自分を切り捨てて、なるべく直視しないよう、また記憶に蓋をしていました。

　しかし、２〜３年前からやっと、「仮に同じことが起こっても、今度は私が加

146

勢するからね」と、かつての「私」に声を掛けてあげられるようになりました。思い出の中で苦しんでる自分を、自罰的に責めて痛めつけ続けることから、やっと逃れられました。自分自身の内側に、弱い部分、脆くて触れられたくない箇所があると認めた上で、「私が一番に味方するから、大丈夫」と言い切れる、軸のような思いが生まれてから、慣れない場所でもあまり臆さなくなっていったように思います。

２．「揺れてしまう場合、どのように対処していますか？」

　日常の中で理不尽に怒鳴られたり、SNS上で過剰に他者を貶めるような文章を目の当たりにして、グッと俯いてしまいそうな時も度々あります（笑）。「気落ちするのはもう条件反射なので仕方ない！」と適度にやり過ごしてから、「一カ月後の自分はきっと覚えてもいないはず」と切り換えるよう努めています。一カ月後に忘れ去ってる程度の出来事なら、くよくよする必要なんて最初から無いのかも、と。

３．「あの時（受講後に「自己物語」を書いた時）の自分は、新鮮でしたか、それとも懐かしかったですか？」

　それまでの私にとって「学び」は個々人の能力を高めて目標を達成させることだけに主眼を置いた行為だと思っていたので、「人類知」という視点を初めて抱いた、当時の気づきは新鮮な自分との出会いだったのだと思います。

　ずっと付き合ってきた「自分」なので、懐かしさや「生まれ変わった」的な新鮮さは特段感じておらず、過去から現在まで地続きで「自分」という感覚だけがあります。ただ色々な経験や思い出を経て、やっと一個の輪郭でぼんやりながら「自分」を把握できて、好意的に受け入れられるようになったと言いますか、「清濁併せ持った」人間であると客観視できるようになった気がします。

（４）此程：「いのちを、何に、どう使いますか？」

　本論公表の許可を得るために連絡をとった。Ａさんは「司書」になる「夢」を実現し、かつ年若くして、責任ある立場に就いていた。司書資格取

得に関して「先生には、胸を張って報告しますね！ 人生でひとつの目標を貫けない、すぐ挫けて投げ出してしまう、というのが私自身、長年のコンプレックスだったのですけれど、少しだけ克服できた気がしました」と言い、Aさんが大学院生時代、TAとして卒論生に育んだ「やり抜く力」を、Aさん自身も体得していたと知り、深く感じ入った。

　ヴィゴツキー（柴田・宮坂訳, 2015）によれば、「教えるということは、何よりも新しい反応を確立し、新しい行動形式を形成することを意味」するのである。

　Aさんは『特別支援教育』を受講後、「学ぶとは何か」の問いに、「己の手を引かれ、他者の手を引きながら、共にさらなる進歩のため高みを目指してゆく、人類全体の共鳴行為である。」とこたえていた。

　そして、いま、いのちの声にしたがってたどり着いた司書という仕事に就いている。そして言葉の宝庫である図書館において、責任ある立場の司書として、豊かな文才（言語的知能）を駆使して人々に人類の知的財産を紹介し、広く発信し、来館者の相談に乗りながら学びつづけている。Aさんが世界の人々と「共鳴する学び」を実現する日はそう遠くないであろう。

　他者の「評価」に震え、自身のいのちの声を聞くこと自体を妨げられていたAさんは、授業の中、自力で「評価や恥」の呪縛を解いた。そして、いのちがもつ知能や「発達特性」を自己の成長のための資源とし、聞こえてきたいのちが希求する職業を「自由意志」により選択（自己決定）して、他者関係の中で生き生きと生きているのである。

　「いのちを生きる」（「いのちの主人公になる」「いのちを実現する」）主体を育む、のが筆者の教育の究極の目的である。

　「何人たりとも、いのちと離れて教育はない」と考えるものである。

謝辞

　生きづらさを抱える人々のいのちを想い公表してくださったＡさんに深謝いたします。教え子の自立と成長は教師のロマンです。幸せを祈ります。

　病の後遺症のため執筆不能であったとき、卒業生が、激励者・鋭敏な対話者、そして口述筆記者として支えてくれました。渡邉（山田）安寿佐さん、日置巴菜さん、柴田絢さん、ありがとうございました。

　特別支援教育の初歩からご教授を賜りました竹田契一先生（大阪教育大学名誉教授）のご恩にこれからも報いて参ります。厚くお礼申し上げます。

　Ａさんの自己物語は、井上信子編（2014）『対話の調ーゆきめぐる「かかわり」のひびき』（新曜社）からの転載である。転載をご許可いただきました新曜社様に深く感謝いたします。

註１　ポートフォリオとは、もともと情報を保存、蓄積する「紙ばさみ」を指し、教育領域では、学習者がアウトプットした成果物すべて（作文・試験結果・絵・ワークシートなど）を挟みこみ、整理・分析して、学習者も指導者もともに一層の深い学びや発想を生み出すこと、さらに指導者は指導の改善に役立てるなどの目的も有している。

註２　Ａさんの「自己物語」が所収されている『対話の調』（井上編, 2014）は、「教育と相談が綯い交ぜになった臨床技法」を考案し、それに基づいた実践事例について、7名の学生自身の述懐と筆者のかかわりを交互に記して報告し、「対話」における交流の様相ならびに学生の人格的変容の過程を精緻に記録した書籍である。

註３　神田橋（2023b）の、声による抱えの方法は、「全身のすべての細胞が、『聴く』『発声する』に参加しているように意識を保つだけである。パイプオルガンの管が短いほど甲高い音になるのと、同じイメージである。全身で発声しうると、低く、包む音になる」である。

註４　「発達の最近接領域」：子ども（学習者）の思考の発達についてのヴィゴツキーの考え方である。子どもが現時点において、自力で達成できる「現下の水準」と、他者からの支援や協同によって達成可能な「明日の水準」、この2つの水準の間の領域を「発達の最近接領域」と言う。そして、後者の他の援助により達成できていたものを、自力で達成できるように誘うこと、それが教育である（柴田, 2006）。筆者は、それらに加えて、学習者に「自力解決を可能にした手続きや思考方法」の説明を求め、熟達者のそれを開示して比較、学習者がそれを実行して内化し、学習者の思考が洗練され、応用力が高まるところまでを視野に入れている。

文献

ベッセル・ヴァン・デア・コーク著，柴田裕之訳（2016）：身体はトラウマを記録する―脳・心・体のつながりと回復のための手法．紀伊國屋書店．

Bowlby,J.（1979）：The Making & Breaking of Affection Bonds.Tavistock PublicationsLimited.（作田勉監訳（1981）：ボウルビイ母子関係入門．星和書店．）

傳田健三（2017）：自閉スペクトラム症（ASD）の特性理解．Jpn J Psychosom Med 57:19-26．

Gardner,H.,（1999）：Multiple Intelligences for the 21th Century. Basic Books. （松村暢隆訳（2001）：MI―個性を生かす多重知能の理論．新曜社）

井上信子著・神田橋條治対話（2001）：対話の技―資質により添う心理援助．新曜社．

井上信子著・神田橋條治対話（2004）：対話の世界―心理援助から「いのち」の教育へ．新曜社．

井上信子編（2014）：対話の調―ゆきめぐる「かかわり」の響き．新曜社．

井上信子（2018）：自己実現に誘う教育と相談―信じて 引き出して 生かす．金子書房．

ジョンJ.レイティ，エリック・ヘイガーマン著，野中香方子訳（2009）：脳を鍛えるには運動しかない！―最新科学でわかった脳細胞の増やし方．NHK出版．

梶田叡一（2022）：自己意識論集第5巻，内面性の心理学．東京書籍．

神田橋條治（1984）：精神科診断面接のコツ．岩崎学術出版社．

神田橋條治（1990）：精神療法面接のコツ．岩崎学術出版社．

神田橋條治（1997）：対話精神療法の初心者への手引き．花クリニック神田橋研究会．

神田橋條治，他（2010）発達障害は治りますか？．花風社．

神田橋條治（2017）：すべてを活かす，朝倉記念病院開院35周年年報，朝倉記念病院．

神田橋條治（2019）：心身養生のコツ．岩崎学術出版社．

神田橋條治（2023a）：精神援助技術の基礎訓練．岩崎学術出版社．

神田橋條治（2023b）：私的な対話

神田橋條治（W年）：私的な対話

神田橋條治（X年）a,b：私的な対話

神田橋條治（Y年）：私的な指導

興膳　宏（2009）：杜甫―憂愁の詩人を越えて．岩波書店．

黒田洋一郎，木村-黒田純子（2014）：発達障害の原因と発症メカニズム―脳神経科学からみた予防、治療・療育の可能性．河出書房新社．

Maslow,A.H.（1970）：Motivation and Personality, second edition. Harper and Row.（小口忠彦訳（1987）：人間性の心理学—モティベーションとパーソナリティ，改訂新訂版．産業能率大学出版部．）

三木成夫（2013）：生命の形態学—地層・記憶・リズム．うぶすな書院．

NHK（2019）ダビンチ・ミステリー第一集，幻の名画を探せ〜最新科学で真実に迫る，NHKスペシャル．

三宮真知子編（2008）：メタ認知—学習力を変える高次認知機能．北大路書房．

Schultz,D.P.（1977）:Growth Psychology:Models of the Healthy Personality.Van Nostrand Reinhold Company.（上田吉一監訳（1982）：健康な人格—人間の可能性と七つのモデル．川島書店．）

瀬川昌也（2004a）：睡眠・覚醒リズムの大切さ．地域保健　第35巻11号，東京法規出版．

瀬川昌也（2004b）：高次脳機能の発達メカニズムとその障害．BRAIN MEDICAL 第16巻4号，メディカル・レビュー社．

瀬川昌也（2008）：知・情・意の発達と脳．BRAIN and NERVE　第60巻9号，医学書院．

瀬川昌也（2009）：睡眠と脳の発達．保健の科学　第51巻1号，杏林書院．

柴田義松（2006）：ヴィゴツキー入門．寺子屋新書20, 子どもの未来社．

竹内敏晴（2001）：思想する「からだ」．晶文社．

東原信行・山本浩之・北見朱美（2016）：「人格の完成」に関するインタビュー．

土持ゲーリー法一（2007）：ティーチング・ポートフォリオ—授業改善の秘訣．東信堂．

内山葉子・国光美佳（2020）：発達障害にクスリはいらない—子どもの脳と体を守る食事．マキノ出版．

上野一彦・竹田契一・下司昌一監修，特別支援教育士資格認定協会 編（2007）：特別支援教育の理論と実践—S. E. N. S養成セミナー．Ⅰ 概論・アセスメント．金剛出版．

ヴィゴツキー,L.S.著，柴田義松・宮坂琇子訳（2005）:ヴィゴツキー教育心理学講義．新読書社．

山口直樹（2011）：李白 杜甫 —詩仙 天衣無縫を詠い　詩聖 悲憤慷慨を詠う．学研パブリッシング．

終章

今日の特別支援教育の課題

杉山登志郎

1．特別支援教育は進んだのか

　最新の発達障害の罹病率の資料をみると、自閉スペクトラム症（ASD）は子どもの3パーセント、注意欠如多動症（ADHD）は6〜10パーセント、限局性学習障害は保護者評価で3パーセント、教師評価で11パーセント、知的障害が1パーセントと、1割を超える子ども達が何らかの発達障害を抱えています（鷲見，2023）。発達障害だけではありません。例えば不登校も増加していることが指摘されています。ただし不登校を示す児童においても今日、その背景に発達障害が認められることが少なくないことは、学校現場では周知の通りです。わが国において、発達障害への処遇こそ大きな問題であることは疑いありません。

　21世紀の開始と共に、特殊教育から特別支援教育に大きな方向転換がなされてから既に20年以上が経過しています。かつての特殊教育は、それこそ特殊な教育でした。今や、特別支援教育は、なんら特別なものではなくなってきました。個別の支援を必要とする子ども達が学校の中に沢山いることは、誰しもよく知っています。またそうして、子ども達に支援をしっかりすることによって、成人になったとき、必要な支援がミニマムになる、あるいは不必要になることこそ、学校教育の存在意義と言えるのではない

でしょうか。一昔前にくらべ、発達障害は大変にポピュラーになりました。また筆者の造語である「発達凸凹」という言葉は、普通にテレビドラマなどでも用いられるようになりました。さて、そのような変化によって社会全体が進歩し、ハンディを持つ子ども達、凸凹を持つ子ども達にとって、将来の自立に進む道のりが着実に整えられているのでしょうか。

　継続して子どもに携わってきた臨床医として、着実に以前よりも良くなったと言える部分と、進歩が見られず首をかしげざるを得ない部分との両者認められます。良くなった部分は先に述べたように、個別の支援が必要な子ども達が特別なものとは考えられなくなってきたことです。一方、大きな課題として目につくものが少なくとも２つあります。１つは今日になっても未だに解決したとは言い難い、適正就学を巡る問題です。もう１つは新たな教育上の大問題として浮上してきた、深刻なトラウマを抱える児童への対応です。現場の先生方としては、いつ頃からでしょうか、この10年あまり、発達障害の診断を受けているのに、発達障害への配慮だけでは教育が円滑に進まない子ども達への対応に大変に苦労するという経験が増えているのではないでしょうか。

　この順に、今日の課題となっている状況について、具体的に事例をとおして検討を試みますが、議論の前提として、発達障害の診断の問題について先に述べなくてはなりません。

２．発達障害の診断の問題

　少し専門的な話になりますが、大切な前提として取り上げる必要があるのが、精神科の「診断」の問題です。今日用いられている精神科の診断は、カテゴリー診断とも呼ばれています。これは症状による診断で、病気の診断ではありません。極端な言い方をすれば、ADHDという診断は、「同じ年齢の他の子よりよく動き、不注意で、衝動的な行動が多い」と言っているだけなのです。

　発達障害に関する最も有力な素因は、遺伝子（ゲノム）の様々な変異で

す。昨今の研究によって、多くの一塩基多型（SNP）、またコピー数多型（CNV）が同定されています。しかしゲノム変異の側から見ると、2つの重要な事実があります。1つは同一のSNPやCNVの変化が、精神科疾患の複数の診断カテゴリーに認められ、それらは発達障害のみならず、統合失調症や双極性障害など、よく知られた主要な精神科疾患にも広がりが認められること。もう1つは正常との間に切れ目を持たず（つまり特異性を示さず）連続性が認められることです（黒木, 2020）。ゲノム変異の単体ではなく、その集積によって精神科疾患の素因が生じ、それに加えてそだちの中で生じる様々な要因が絡み合って、発達障害を含む全ての精神科領域の「病気」に展開する、というのが科学的に示された事実です。つまり、多数のゲノム変異が累積した時に、発達障害の臨床像が生じやすくなること、しかしそれは他の疾患（発達障害だけではないことに注意）とも重なり合い、さらに正常との間にも切れ目ない連続性が認められるのです。自閉スペクトラム症の「スペクトラム」は実はこの意味で用いられています。

　こうした「連続性を持つ特性」によって診断分類を分ける方が科学的な事実に即しており、このような考え方は、ディメンジョナル・モデルによる診断と呼ばれています（Krueger et al., 2018）。この視点に立つと、ASDかADHDかという問いは意味を成しません。なぜなら両者は連続的に重なるので、どの症状がより強く生じているのかという違いに過ぎません。それどころか、ASDか統合失調症かという問いすらも意味をなさないかもしれないのです。この両者もゲノム変異としては共通性を持っているからです。今用いられている診断はこれから10年間ぐらいの間に大きく変わるのではないでしょうか。現行のカテゴリー診断は消失しなくとも、より科学的な方向に大きな変更を余儀なくされるのではないかと予想されるのです。

　このような議論を踏まえた上で、発達障害を筆者なりに分け直すと図 終－1の形になります。

　それぞれに説明を加えます。

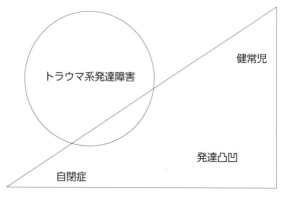

図 終 -1　発達障害の一覧

発達凸凹

　筆者が発達凸凹と記したグループは正常からの連続した偏りに属し、現在、小児科医や児童精神科医を受診する児童の9割を占めていますが、このグループは正常からの偏りであり、必ずしも医学的治療が必要ではないと筆者は考えます。特に少人数グループにしてしまえば、著しく適応は向上してきます。また小学校高学年ぐらいになると、社会的行動も、多動も著しく改善してきます。そうなると凸凹としてマイナスと考えられていた特性は、むしろプラスにひっくり返ってくることが少なくありません。多動とは高い好奇心や活動性と同じであり、社会性の欠如とは自分の関心事への没頭ができる能力になってきます。

自閉症

　一方、自閉症は認知障害に基づくコミュニケーション障害を持つグループであり、その体験世界の理解は我々の体験の延長（正常心理学）では了解が困難で、精神病理学（医学的心理学；病的体験についての心理学）が必要になります。つまり正常からの偏りとの間には断裂があり、正常から一続きのスペクトラムとして捉えることには問題があります（杉山, 2020）。このグループは特性として知覚過敏性を始めとする様々な生理学

156

的不安定さを抱えていて、幼児期早期から医療との関わりが避けられません。それから染色体異常、代謝病、てんかんなど、脳の器質的障害による知的発達症も、自閉症の併存がその多くに認められます。脳の機能障害が重度であれば、社会的な行動を支える脳機能にも障害が生じ、従って自閉症の併存率は高くなってくるからです。このグループは、自閉症への対応に加え、例えばてんかんであればてんかんへの治療など、器質因に応じて医学的な治療が必要になってきます。

トラウマ系神経発達症

　トラウマ系神経発達症（発達性トラウマ症; van der Kolk, 2005）は、今用いられている診断基準を使うと、ASD・ADHDの診断になることが多いのですが、トラウマ起因の脳の働きだけでなく、やがて形の異常になってきます。つまり難治性です。さらにこの親もまたかつての被虐待児であり、最近なにかと話題になる、複雑性PTSDの診断基準を満たすものが少なくないのです。このグループは、慢性のトラウマへの治療と世代を超えた親子併行治療が必要になってきます。この発達性トラウマ症はあまり聞き慣れない言葉だと思いますので、次に詳しい説明を行います。

　この３つのグループが全て、発達障害と呼ばれているのです。

3．発達性トラウマ症とは

　発達性トラウマ症について説明します。既に1990年代初めには、単回性のトラウマと長期反復性のトラウマとでは著しく臨床像が異なり、治療も異なることが指摘されていました（Terr, 1991）。今日子ども虐待の対応件数は20万件を超えています。実数が半分としても10万件になります。2022年の年間出生数が80万人を割っているので、年間出生数の１割を超える数の子ども達が、毎年子ども虐待の対応を受けているわけです。つまり今や、子どもが登場する全ての場において被虐待児が認められます。わが国にお

いて、実は子ども虐待の親の側の治療を行ってきませんでした。これでは解決になりません。そのために、虐待件数は増え続けているのです。

　子ども虐待の後遺症が深刻なことについては様々な報告があります。児童期逆境体験として知られる研究によって、被虐待の体験が、心の健康ではなく、一般的な健康そのものに対しても強い毒性があることが明らかになりました。Felittiらの研究（1998）では、逆境体験が子どもの頃にあった成人では、心臓病、肝臓病、肥満、糖尿病、慢性肺炎など、全てが有意に高いことが示されました。それどころではありません。若年妊娠とか、仕事の達成度の低さとかにまで高い相関が示されているのです。心の健康については、うつ病、自殺企図、違法薬物使用などに大きな差が示され、大変に深刻な影響がこうして明らかになりました。

　友田（2017）、Teicherら（2016）の一連の研究によって、被虐待体験は、やがて脳の形の変化まで引き起こすことが示されました。それは、性的虐待における後頭葉の萎縮、および脳梁の萎縮、暴言被曝による側頭葉の変形（こちらは肥大です）、体罰による前頭前野の萎縮、DV目撃による視覚野の萎縮、複合的虐待における海馬の萎縮など、極めて広範かつ重篤です。ちなみに一般的な発達障害では、このような激烈な変化は認められないことからも、慢性のトラウマによって引き起こされる「発達障害」の症状の方が、より重症であることが明らかです。最近のトピックスはエピジェネティックス（遺伝子スイッチ）への影響です。オキシトシン・ホルモンに関わるメチル化の異常など、様々な所見が認められています（Fujisawa et al., 2019; Park et al., 2019）。

　極端なネグレクトが周囲に無関心でASDと区別がつかない子どもをつくることは、旧ルーマニアの劣悪な環境の孤児院で育った子ども達「チャウシェスク・ベビー」の研究で明らかになりました。後年にわたって継続するものは認知の障害、愛着の障害、自閉症様症状、多動性行動障害の諸症状で、上記の順に改善が認められますが一部が残ってしまいます（Kumsta et al.,2010）。一般的な被虐待児、つまり安心が欠けた状況で育った子の場合、学童期において多動、注意の転導性、社会性の欠落が生じ、

そのためにADHD・ASDの診断を受けることになります。

　このグループは、トラウマの影響を受けているのではないかという視点で、子どもの行動を見てみないと、皆目分かりません（野坂, 2019）。

　図 終-1 ではトラウマ系発達障害は、一般的な発達障害と重なっている部分があります。これは次のような事情によります。複雑性PTSDの特に女性の場合、様々な被害の既往があるために、人の存在は怖いことが多く、特に迫ってくる男性を嫌う傾向があります（その一方で、気がついてみると暴力的な父親とそっくりな男性にばかり惹かれて、暴力男性と一緒になるということもよく起きてきます。これこそフラッシュバックが引き起こす症状の一つです）。暴力男性の被害に懲り懲りという体験をしたあと、比較的健康度が高い女性の場合、迫ってこない男性を選択するということがよく生じます。迫ってこない男性とはASDの男性にほかならず、ASD男性と複雑性PTSD女性は相性がすごく良く、実際に臨床でそのようなカップルと、発達凸凹の子どもという組み合わせによく出会います。父親がASDであれば、子どもが凸凹を抱える子どもになる確率は上がらざるを得ません。

4．適正就学ができなかった事例

　小学3年生の女児Aが、不登校を主訴として8月に受診してきました。

　父親は会社員で、子どもへの暴言があります。母親はパートで、すぐ切れて怒りやすいといいますが、子どもに体罰はないとのことです。Aはおとなしく努力家と母親は言います。小学生の妹がいますが、妹もおとなしい子どもです。なお、父親の父（Aの祖父）は、家族への暴力暴言がひどく、アルコールが入ったときに大暴れするため、父親が中学生のときに両親は離婚しました。Aの父方の祖母が同居しています。口うるさいところがありますが、孫に対しては心配をしてくれます。母方祖父、祖母とも、近くに住んでいて、明るく大ざっぱな性格です。

　生まれる前後に異常なく、幼児健診でも特段、指摘を受けませんでした。

しかし集団教育が始まってみると、皆についていけないことが目立ち、幼稚園教諭から勧められて5歳のときに地域の発達相談センターを受診しました。知能検査を受け、1歳程度遅れていると言われましたが、小学校は家族の意向で通常クラスに進学しました。幼稚園の年長組からことばの教室を紹介され、月に1～2回通うようになりましたが、小学校2年生の終わりになって、学校を休んで通うことを患児が嫌がるようになり終了になりました。

　しかし小学校3年生になると学習の困難が強くなり、さらに友人が減って孤立するようになりました。学校では仲間外れになったといいます。こんな状況で不登校が生じ受診してきたのです。心理テストを実施してみると、WISC-IVで全知能指数76（言語82、知覚88、ワーキングメモリ76、処理68）でした。通常クラスでは困難ではないかと伝え、特別支援クラスへの転級を勧めましたが、この心理テストの結果が出たのが9月で、8月末までに申し出ないと、特別支援クラスへの転級は困難と学校から言われました。特別支援クラスへの転級は小学校5年生4月になるというのです。Aは結局、行事のときにまれに登校するぐらいでほぼ完全な不登校の状況で小学校3年生の後半と4年生を過ごし、学習もさらに成果が出なくなりました。小学校5年生になって、ようやく特別支援クラス（知的障害）に転級しました。するとその後、学校に楽しく通えるようになり、ここで継続的な受診が途切れました。

　次の受診は、中学2年生の冬です。Aは再び不登校になっていました。

　経過を確認すると、中学に進学する際に、高校に行きたいので、中学から通常クラスに戻ることになりました。Aと親と両方の希望といいます。学校は特に異議を挟まなかったようです。

　中学校1年生は、孤立をしながらもなんとか通っていましたが、中学2年生の5月ごろからAは再び不登校になって、2学期の終わり頃に再度の受診になったのです。

　確認をすると、生活リズムは大変乱れていて、午前2時に寝て、朝9時に起きているとのことです。さらに朝寝、昼寝を1時間ずつとっているそ

うです。夕食後は深夜まで携帯電話でユーチューブを見ている生活です。小学校の4年生前後から、外に出ようとすると黒い影が見えるようになったといいます。家にいるときは、影は見えませんが、今もその気配が感じられるとのことでした。7月に測定したWISC-IVで全知能指数67でした。

　学習が難しいというだけでなく、Aの生活全体が後ろ向きになっていました。生活リズムを整えることを最初の目標に掲げ、生活リズムは改善されました。しかし学校に向かおうとすると、いじめのフラッシュバックが起きて涙が出てしまうといいます。そこで簡易型トラウマ処理（杉山, 2021）による治療を実施しました。その結果、フラッシュバックはなくなりました。しばらくの間、学校に向かうときにめまいを訴えていましたが、中学3年生の2学期になると、学校の保健室の隣に設けられた教室に行けない子のための特別の部屋に、週に数回、1～2時間なら通えるようになりました。そこでは1日に1時間ぐらい、先生が交代で来て、その時だけ学習をしていて、それ以外の時間は、その教室に集まっている数人で、ゲームなどをしているとのことです。Aは教師や親と話し合って、高校の進学先を、不登校の子が沢山集まるK学園の通信課程に決めました。面接だけの試験に合格し、高校に無事に通っていることを確認し、ここで終診としました。

　ところが1年後、再び受診してきました。通信高校は、非常に基礎的な学習から補ってくれたようですが、Aは高校のカリキュラムに結局ついていけず、学校にも通えなくなってしまったとのことです。その後についてです。しばらく家から出られない状況になっていましたが、少しずつ外出ができるようになり、2年後Aはバイトに通えるようになりました。

　Aは軽度の知的なハンディがあるだけの子どもです。ですからAに合わせた教育を実施していけば、成人したときに、就労も、そして結婚や育児も問題はありません。ところが、Aの状況はどうでしょうか。小学校3年生で不登校になり、適正就学ができていないことを指摘されても特別支援クラスへの転級が1年間以上待たされることになりました。これはAが住

むS県の問題かもしれません。隣の県では２月頃までに希望があれば、次の学年の転級は可能だからです。脱線ですが、子どもの側のニードがあることが明らかなのに、１年余り放置しておける学校や教育委員会の側の心情が医師としては全く理解できません。

　就学指導をする側も、また親も、しばしば通常クラスで試してみて、ダメなら特別支援クラスに転級させれば良いという指導をします。しかしそのアイデアはダメと断言できます。通常クラスでは困難という体験を重ねる中で、子どもの側はボロボロになってしまうからです。学習で努力しても成果が上がらないという体験は、子どもにとって大きな挫折になります。人生の早期に、そのような挫折体験を積ませてプラスになることは１つもありません。逆に学習の成果が上がることほど、子どもの自尊感情を上げるものは、他に存在しません。Aの状況は３年生の時点で既に、学習だけではなく、人との関係が被害的になり、自信喪失が生じるなど情緒的な問題まで拡がっていることに注目して下さい。就学指導をする教育委員会の担当者も、保護者もその時点では、成人するまで１人の子どもの成長を見るという経験を持っていません。そのような経験を持つものは、ひょっとすると児童精神科医だけなのかもしれません。そうして、成人から振り返ったとき、発達障害の子ども達にとって、学校に行くという体験は社会で生きていく上で欠かせない大事なことです。しかしその学校がどの学校なのか、通常クラスか、特別支援クラスか、特別支援学校か、は全く関係がありません。

　Aの知能指数が、小学生の時より、中学生において悪化していることにも注目して下さい。知能指数は固定的なものではありません。当然ですが、教育がその子に合わせて円滑に行われれば上がり、そうでなければ下がるのです。形だけ高校に入っても、そこで不適応を起こしてしまっては何もなりません。

　それにしてもなぜAは、中学への進学で通常クラスに戻るという、明らかに無理なことを選択したのでしょうか。通常クラスでなければ高校への受験ができないとAの親が誤解しただけでなく、学校の側までがそう考え

ていることが問題なのです。特別支援クラスに通っていたからといって高校への受験が妨げられるのはおかしいということは、少し考えてみれば自明ではないでしょうか。一方、知的障害特別支援学校への入学が、知的なハンディがないと許可されない自治体が結構あるというよりほとんどなのですが、これも子どものニードから考えてみれば明らかにおかしな規定です。さらに知的障害特別支援学校の高等部卒業生に、高校卒業資格を与えないことも、今日の状況からは明らかに乖離しています。せっかく特殊教育から特別支援教育という転換をしたのに、柔軟な対応ができていないのです。

　発達障害の治療は教育です。1人1人の子どもに合った教育をきちんと積ませていくことが何よりも将来のハンディキャップを減らす道です。

5．発達性トラウマ症の事例

　筆者が児童相談所から依頼を受け、診療を行った児童について、学校の担任の先生の視点から紹介してみます。

事例

　Bは遠方のK県から引っ越しのため、小学校3年生6月に転校してきました。K県でASDと診断を受けていたという情報があらかじめ寄せられていました。Bが3歳で両親は離婚し、その後母子家庭ということでしたが、母親が転校の手続きに来たときに母親は2歳になるという女児を抱いていて、教頭は不思議に思いましたが、特に問うことはありませんでした。K県で小児科を受診し、抗ADHD薬（メチルフェニデート徐放剤）が処方されたが無効であったと母親は述べました。

　新しい学校で、当初Bは興味のある科目だけ参加し、興味の無い科目は参加しませんでした。登校当初は母親に送られて登校すると、むっつりと不機嫌なことが多く、最初から給食は食べたり食べなかったりで、頭痛をしばしば訴えて早退を繰り返しました。担任の教師はASDの特性による

ものと考え、なれるまでは仕方がないと止めることをしませんでした。
1ヶ月が経過した頃、教室を無断で出ようとしたBを担任教師が止めよう
としたら、突然、教師に殴りかかり大暴れになりました。大人が3人がか
りでやっと大暴れするBを止めることができたといいます。するとこの
後、学校で暴れることを繰り返すようになりました。担任教師は何度か家
庭に連絡を取りましたが、母親は不在で連絡が取れず、一度だけ、夜に電
話が繋がったのですが、母親は話し始めるとBのことよりも自分の不調に
ついて延々と語り出し、深夜まで2時間以上話し続けたといいます。

　担任教師は校長の許可を得て、家庭訪問をしました。すると、家の中に、
2歳の妹のみならず小学校1年生の弟がいることにびっくりしました。弟
は引っ越して来るのが遅れ、これから学校に行く予定とのことでした。し
かしその後、Bは完全な不登校になってしまいました。また弟も、学校に
来ることはありませんでした。するとほどなく、「Bが学校で担任教師と同
級生にいじめを受けて登校できなくなった」と母親と父親（と名乗る男性、
担任教師が訪問したときにはいなかった）が、学校に抗議というか怒鳴り
込んで来ました。対応に出た校長は冷静に、担任教師から報告を受けてき
たことと異なっているので、きちんと状況の確認をしなくては対応ができ
ないときっぱりと母親と父親に伝え、話し合いを続けることを提案し、両
親はしぶしぶ引き下がりました。

　この後Bが家から出されて夜にウロウロしているという通報が児童相談
所にあったことが分かりました。こうして児童相談所が関わると、引っ越
し前にK県でBが既に児童相談所の一時保護を受けていたことが判明しま
した。地域の児童相談所からの紹介でBは児童精神科を受診することに
なったのです。

その後の経過

　Bの受診によって、明らかになった生育歴をまとめます。Bの出生前か
ら、父親から母親へのはげしい暴力がありました。父親は両親が早く死去
し、社会的養護で育ったといいます。すぐに切れる性格で、仕事を転々と

しましたが続かず、母親の収入で生活をしていた時期もあったようです。母親もまた、自分の父からの暴言暴力があり、母親が小学生の頃、両親は離婚しました。その後、（Bの母親の）母は再婚し、暴力を振るわない無口でおとなしい義父と一緒に暮らすようになったそうです。母親は高校を出た後、しばらく仕事をした後、父親と知り合いBが生まれ結婚しました。母親は、子どもを出産した前後から気分変動が激しくなり、また食事の食べ吐きが生じるようになりました。精神科を受診しましたが、症状は改善せず、不調時にはまったく動けなくなることも生じたといいます。Bは小学校に行き始めてから指示に従わない、他児への突然の暴行、強く叱られるとぼうっとなってしまうなどの問題行動が多発し、小児科を受診し、そこでASDおよびADHDという診断を受けました。

　小学2年生9月、Bは学校からの帰宅を強く渋り、学校からの通報で一時保護されました。このことをきっかけに両親は離婚になりました。その後Bは、母親が祖父母と同居し一緒に育てるという約束で自宅に戻って来ました。しかし母親は子どもを置いて1人でS県に行き新しいパートナーと一緒に暮らすようになり、妹が生まれました。そしてBが3年生になったとき、児童相談所に告げずに祖父母の元から引き取ったのです。

　初診時にBに確認すると、皆から悪口を言われている感じがすることは以前からよくあるということでした。またお化けの気配もずっと以前からあり、そのお化けから名前を呼ばれたりするといいます。またBは昨日の夕食を思い起こすことができなかったのですが、同席している母親も（自分が作ったのに）思い起こすことができませんでした。ちなみに母親に確認すると、母親自身が過去の断片的な辛い場面に突然襲われることが最近増えていて、気分の上下がひどく、イライラすると悪いと分かっていても子どもに怒鳴ったり手を出してしまうということでした。さらに不調時に過食と嘔吐を繰り返しているといいます。以前から精神科を受診していて、大量の薬を飲んでいますが、それでも眠れないとのことでした。またあちらこちらの痛みがあるため痛み止めを毎日数錠以上用いていました。母親に「基本的に人は信頼できないと考えるか」、さらに「自分は無価値と

感じるか」を尋ねるといずれも肯定しました。

治療経過

　Bと母親に対し、その後、Bの弟に対しても少ない量の精神科の薬と漢方薬を服薬してもらい、筆者が開発をしてきた簡易型トラウマ処理技法TSプロトコールを実施しました。外来には学校のスクールソーシャルワーカーが同行してくれて、学校の状況などの報告も得ることができ、またそのために、よくある外来のドタキャンもありませんでした。治療開始後、約4ヶ月目に母親のフラッシュバックが軽減してきたことが報告されました。同時に、Bは学校での大暴れがほぼ消退し、学習に取り組む時間が向上するようになりました。6ヶ月目、母親の抗うつ薬がゼロになり、それと同時に気分変動が月経前にほぼ限定されるようになりました。また疼痛も著しく軽減し、痛み止めの服用がほぼゼロになると、嘔吐の回数は著しく減りました。つまり気分の激しい変動は抗うつ薬の、嘔吐は痛み止めの副作用だったのです。治療開始1年を経過し、Bの成績が上がってきたので薬は少量の抗多動薬のみになりました。

　実はこの事例では、Bの母親が再度不調になるというエピソードがあり、もう1つ奥に封じられていた記憶とそのフラッシュバックの治療をする必要が後に生じたのですが、この治療も無事に終わりました。Bは小学校6年生で抗多動薬の服用も離脱しました。様々なエピソードはその後もありましたが、母親も数年かけて全ての服薬がゼロになりました。中学ではトラブルなく生活が可能となり、Bは部活動で活躍するようになり、高校は部活動の継続ができる高校を自らが選び無事に合格しました。高校進学にあたり、Bと母親から共に診療の終了の希望があったので、この時点で治療終結としました。

　Bの示した「発達障害」の症状、母親の多彩の症状は全て、長期反復性のトラウマに起因するものでした。Bの母親の示した症状こそ、複雑性PTSDの諸症状なのです。この視点がないと、何やら訳の分からない重症

の発達障害とモンスター・ペアレントの親子ということになってしまいます。ところが、ひとたびトラウマという視点が入ると、幼児期から逆境をくぐり抜けてきて、その後遺症に苦しむ親子の姿が見えてきます。

　医療サイドから少し気をつけて欲しいことを追加します。このBの親子のような、長期反復性のトラウマを持つ事例の場合、傾聴型のカウンセリングは禁忌です。子どもによく行われる遊戯療法も傾聴型のカウンセリングと同じでほぼ禁忌です。その理由は、フラッシュバックの蓋が開いて、収拾がつかなくなるからです。モンスター・ペアレントと呼ばれている母親に電話をして話しを傾聴したら、何時間も同じ話しが繰り返され、そのうちに相手がぼうっとなってしまい、時間切れで終了。そして次の日も同じことが繰り返される。こんな電話相談の経験がある教師は今日実は少なくないのではないかと思います。

　トラウマ処理はフラッシュバックの治療のための特殊な精神療法です。筆者が開発をしてきたTSプロトコール（杉山，2021）もこのトラウマ処理の一技法です。

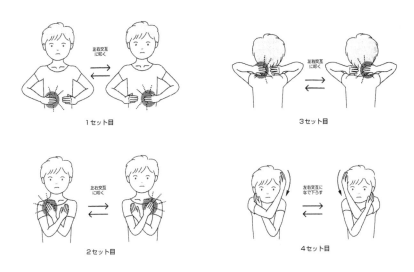

図 終-2　TS手動処理　（杉山,2021）

ここまで書いてきたことをお読み頂くと、一般的な発達障害とは全く違う対応が必要なことがお分かり頂けると思います。医療との連携が必要ですが、困ったことに、このようなトラウマに起因する問題にきちんと対応ができる医療施設は実の所、わが国ではまだ著しく限られています。

　それでは学校で実施ができる対応はないのでしょうか。

　筆者が開発したTSプロトコールの中に、セルフで行うトラウマ処理の方法があり、手動処理と呼んでいます（図 終-2）。このやり方は、安全性が高く、フラッシュバックの蓋が開いてしまうことがほとんどありません。例えば朝の会のときに、この手動処理を皆で一緒に実施するといったアイデアは、心のラジオ体操のようなもので、安全にできてしかもフラッシュバックによる子どものイライラや不調を軽減させるのではないかと思います。

　発達性トラウマ症への対応は、今日のわが国において大きな課題です。

6. おわりに

　日本の学校は、わが国の様々なシステムの中で、最も良く機能してきたものの1つと筆者は考えています。しかし最近になって、制度疲労というか、破綻が目立つようにもなってきました。それは集団での教育に縛られすぎていて、個々の子どもへの対応が著しく苦手なのです。この1人1人のニードに応えるための教育こそ、特別支援教育であるはずです。日本の学校がより柔軟性を増し、時代の要請に応えることができるためには、特別支援教育の専門性がより高まり、通常教育をリードすることが必要なのではないかと考えます。

文献

Felitti VJ, Anda RF, Nordenberg D, et al., (1998): Relationship of childhood abuse and household dysfunction to many of the leading causes of death in adults. The Adverse Childhood Experiences (ACE) Study. American Journal of Prevention Medicine, 14(4):245-258.

Fujisawa TX, Nishitani S, Takiguchi S, et al.,(2019): Oxytocin receptor DNA methylation and alterations of brain volumes in maltreated children. Neuropsychopharmacology, 44(12):2045-2053.

黒木俊秀(2020):自閉スペクトラム症とアタッチメントの発達精神病理学. 内海健, 清水光恵, 鈴木國文編:発達障害の精神病理Ⅱ, 星和書店.

Krueger RF, Kotov R , Watson D et al., (2018) :Progress in achieving quantitative classification of psychopathology. World Psychiatry, 17:282–293.

Kumsta R , Kreppner J, Rutter M et al.,(2010) : Deprivation-specific psychological patterns: Effects of institutional deprivation. Monographs of the Society for Research in Child Development, 75(1), 48-78.

野坂祐子 (2019):トラウマインフォームドケア. 日本評論社.

Park C, Rosenblat JD, Brietzke E, et al.,(2019): Stress, epigenetics and depression: A systematic review. Neurosci Biobehav Review, 102:139-152.

杉山登志郎(2020):自閉症・ASDを巡って. 発達, 161, 28-34.

杉山登志郎(2021):テキストブックTSプロトコール. 日本評論社.

鷲見聡(2023):発達障害の有病率の変遷について. 小児内科, 54(7), 1076-1080.

Teicher MH, Samson JA, Anderson CM et al.,(2016): The effects of childhood maltreatment on brain structure, function and connectivity. Nature Reviews Neuroscience, 17, 652–666.

Terr LC (1991): Childhood traumas: An outline and overview. American Journal of Psychitry, 148(1):10-20.

友田明美(2017):子どもの脳を傷つける親たち. ＮＨＫ出版.

van der Kolk B (2005): Developmental trauma disorder. Psychiatric Annals, 35(5), 401-408.

執筆者一覧

藤永　保 <small>ふじなが たもつ</small>	お茶の水女子大学名誉教授	序　章
増本利信 <small>ますもと としのぶ</small>	九州ルーテル学院大学大学院人文学研究科 障害心理学専攻准教授	第1章
山田　充 <small>やまだ みつる</small>	大阪市教育委員会インクルーシブ教育推進室 通級指導アドバイザー	第2章
後野文雄 <small>ごの ふみお</small>	国立舞鶴工業高等専門学校特命教授	第3章
伊井久恵 <small>いい ひさえ</small>	奈良LD 親の会パンジー 公立小学校養護教諭	第4章
井上信子 <small>いのうえ のぶこ</small>	編者	第5章
杉山登志郎 <small>すぎやま としろう</small>	福井大学子どものこころの発達研究センター 客員教授	終　章

編者紹介

井上信子

お茶の水女子大学大学院博士後期課程単位取得満期退学
現在、日本女子大学教授
〔専門：臨床心理学・教育相談・カウンセリング〕
著書に、『対話の技』、『対話の世界』、『対話の調』（編書）（以上、
新曜社）、『自己実現に誘う教育と相談』（金子書房）など

子どもと「いっしょに生きていく」
—— 発達障害と特別支援教育をめぐって

2023 年 10 月 31 日　初版第 1 刷発行　　　　〔検印省略〕

編　者　井上信子
発行者　金子紀子
発行所　株式会社 金子書房

　　　　〒 112-0012　東京都文京区大塚 3 - 3 - 7
　　　　TEL 03（3941）0111（代）　FAX 03（3941）0163
　　　　https://www.kanekoshobo.co.jp　振替 00180-9-103376
印　刷　藤原印刷 株式会社
製　本　有限会社 井上製本所